AF475729

LES

INCENDIES DE FORÊTS

EN ALGÉRIE.

LEURS CAUSES VRAIES
ET LEURS REMÈDES

Quelques Considérations générales sur la Colonie

PAR

GEORGES GRAVIUS.

« Je viens au milieu de vous pour connaî-
« tre par moi-même vos intérêts, seconder
« vos efforts ; vous assurer que la protection
« de la métropole ne vous manquera pas. »

NAPOLÉON III.

CONSTANTINE
CHEZ LOUIS MARLE, LIBRAIRE
A PARIS
CHEZ CHALLAMEL, ÉDITEUR, RUE DES BOULANGERS, 30.

1866.

NOTE DE L'AUTEUR.

Ce travail sur les incendies de forêts en Algérie a été fait, je puis le dire, *currente calamo*. Ce n'est point uue œuvre d'art que j'ai voulu exécuter, mais bien une œuvre de vérité que je livre à la publicité telle qu'elle s'est présentée à mon esprit. C'est une expression spontanée de ce que j'ai vu et entendu. S'il manque d'ordre ou d'intérêt, je le recommande à l'indulgence; il a été inspiré par l'amour du bien public.

INTRODUCTION.

Depuis longtemps déjà, l'Algérie est spectatrice d'un phénomène dont il nous est difficile de nous rendre compte, et dont les motifs, quand nous songeons que le dévouement et la charité sont le premier apanage du caractère français, nous attristent profondément et nous inspirent de bien graves inquiétudes.

En présence de fléaux, envoyés peut-être par la main de Dieu, la philantropie s'est justement émue parfois, et reconnaissant l'impuissance des barrières du savoir pour les arrêter dans leur course, elle a porté son attention vers les points de départ pour attaquer les fléaux non dans leur marche, mais dans leurs causes premières.

Depuis que nous sommes les maîtres de l'Algérie, depuis surtout que l'industrie s'est livrée à l'exploitation des richesses forestières de notre conquête, un vieux fléau des côtes de la Barbarie s'est éveillé, sous l'aiguillon d'une main haineuse, plus vif et plus intense que jamais. L'incendie, après nous avoir laissé quelques années de repos, a reparu, et à sa réaparition il se renouvelle et se généralise de plus en plus, au fur et à mesure que nous prétendons approcher de la pacification complète et de l'assimilation des races.

Quelqu'un s'est-il sérieusement ému de l'aspect sinistre sous lequel se présente ce fléau depuis que nous nous livrons à l'exploitation des chênes-liége ?

Quelqu'un, depuis que ce fléau revient périodiquement tous les deux ans ou tous les trois ans, s'est-il préoccupé d'en rechercher les causes et de les signaler?... Nous regrettons vivement de le dire, mais la vérité est là, la philanthropie ne s'est guère occupée de nous; les incendies ont accompli leurs ravages et personne n'a songé à détruire cette épée de Damoclès suspendue sur nos têtes. Les intéressés, aidés par quelques hommes de bien, ont essayé de faire entendre leur voix par intervalles, mais leurs paroles ont été étouffées par celles d'hommes sans conscience qui ont caché la vérité aux arbitres de nos destinées, en assignant aux incendies les causes les plus erronées, et en jetant sur la population européenne de l'Algérie un manteau de honte dont eux seuls ont le droit de se revêtir, parce qu'il est le produit de leurs œuvres.

Certes, une pareille situation n'est point faite pour réjouir nos cœurs ; aussi nous en sommes profondément attristés, et, sous le poids de cette tristesse, nous nous demandons avec inquiétude si la vérité pourra encore triompher du mensonge, la civilisation de la barbarie. « Ecrivain, notre douleur est profonde et
» vraie peut-être, mais pourquoi parler encore de su-
» jets aussi lugubres ? Pourquoi nous rappeler des
» scènes de désolation, qui, en quelques heures, ont
» détruit nos espérances et jeté peut-être sur l'avenir

» de notre belle colonie algérienne l'inertie du découragement.

» Il est vrai, il y a quelques semaines à peine, un génie malfaisant promenait sur nos têtes la torche de l'incendie, et nos plus belles forêts étaient réduites en cendres ; il est vrai, il y a quelques semaines à peine, la ruine et la misère venaient s'asseoir au seuil de cent demeures naguère encore riches et heureuses..... Laissez-donc au passé ces scènes de douleur, nous avons versé nos larmes et déchiré nos cœurs en temps utile ; ne réveillez-donc plus ces tristes souvenirs, ne nous faites point regarder en arrière et laissez-nous encore demander aux jours que nous ne connaissons pas un mot d'espérance, une récompense à nos travaux. Nous sommes sur la voie d'une ère nouvelle ; nos maux ne sont pas irréparables, si on le veut. Confiance et courage, telle doit être toujours notre devise, si chacun veut apporter à la cause commune, sa part d'expérience de travail et de pouvoir. Si vous savez quelque chose pour assurer la prospérité de tous, parlez, ne gardez pas pour vous seul ce qui peut contribuer au bien général. Il faut avoir la force de publier le peu que l'on sait, la balance l'attend peut-être pour pencher en notre faveur. Mais ne vous laissez pas entraîner par de vaines craintes, n'oubliez pas que nous sommes les envoyés de la Providence, n'oubliez-pas surtout, quoique l'on en dise, qu'une poignée de mauvais chrétiens, en dépit de leurs détracteurs, amèneront le progrès et la civilisation là où les bons musulmans n'ont produit que décadence et barbarie. Courage et

» confiance donc, le chef de l'Etat nous l'a dit par ces
» nobles paroles :

» Je viens au milieu de vous pour connaître vos in-
» térêts, seconder vos efforts; vous assurer que la pro-
» tection de la métropole ne vous manquera point. »

Ainsi parlait un vétéran de la colonisation algérienne à qui j'exposais mes idées, et à qui je rappelais les ravages causés par les incendies dans les forêts de l'Algérie. C'est un brave qui a grandi au milieu des obstacles et des revers. Il a compris l'immensité du mal, mais son expérience lui a dit qu'il n'était pas sans remède. Digne personnification des colons algériens, le brave vétéran en appelle à la confiance et au courage qui jamais, nous pouvons hardiment nous en glorifier, ne nous ont fait défaut.

Les luttes de toute sortes, les déceptions les plus amères, douleurs physiques et douleurs morales, tous les maux parfois se sont déchaînés contre le colon algérien ; tous les éléments de destruction se sont parfois ligués contre lui, même ses propres concitoyens, rien n'a pu jamais l'abattre: Vaillant messager de la civilisation, appelé à terminer par la pioche ce que nous avons commencé par le sabre, la confiance a toujours été là pour le soutenir et le courage pour le faire marcher.

C'est ainsi que l'on réussit dans les pays nouveaux, c'est ainsi que l'on réduit au silence ses détracteurs, c'est ainsi, enfin, que l'on finit par vaincre la barbarie et par fonder une patrie nouvelle sur une terre étrangère.

Vers ce dernier but, Algériens, doivent tendre tous

nos efforts parceque l'Algérie doit être française avant tout. Aidons-nous donc les uns et les autres et que chacun de nous apporte à la cause commune sa part d'expérience et de travail.

Sous l'impression de ces pensées, laissez-moi, quelque modeste qu'il puisse être, donner ma part de tribut à la cause algérienne. Laissez-moi dire seulement ce que je sais par moi-même, ce que j'ai vu de mes yeux et ce que m'ont appris l'observation et l'expérience. Si d'autres avant moi ont dit les mêmes choses, tant mieux, nous n'en serons que plus forts et plus vrais.

L'impartialité la plus absolue sera ma règle; je m'éloignerai de toute exagération. Je tâcherai de dire le plus clairement possible, les causes des incendies en Algérie et les moyens d'en prévenir le retour, laissant à chacun, sans distinction, la part de bien ou de mal qui lui incombe.

Mon sujet, sans aucun doute, m'entraînera à quelques considérations générales sur la colonisation et sur les deux éléments qui doivent y contribuer, chacun selon ses forces, soit l'élément européen soit l'élément indigène. Mon opinion, à cet égard. est toute renfermée dans ces paroles de notre souverain : « ..... Les » Arabes contenus et éclairés sur nos intentions bien- » veillantes, ne pourront plus troubler la tranquilité du » pays..... Ayez donc foi dans l'avenir..... et traitez les » Arabes au milieu desquels vous devez vivre, comme » des compatriotes ».

Pour arriver à ce double but, il faut achever de détruire les erreurs systématiques qui ont présenté, toujours, les Européens sous un jour défavorable, et qui cherchent à égarer les populations indigènes sur leurs véritables intérêts. Pour cela, il faut étudier les faits et s'attacher surtout à trouver leurs causes morales, car il ne faut pas confondre l'intelligence de l'homme avec le mécanisme de l'automate, et se rappeler que nous sommes tous, tant au point de vue individuel qu'au point de vue général, ou les esclaves des vices qui nous entourent, ou l'épanouissement fécond des vertus qui nous ont vu naître.

GEORGES GRAVIUS.

LES INCENDIES EN ALGÉRIE.

Leurs causes vraies et leurs remèdes.

Allons, Algériens, armez-vous de vertes branches d'olivier, de lentisque ou de myrthe, non pour escorter nos jeunes filles vêtues de blanc et couronnées de roses à un jour de fête, mais pour courir au-devant d'un fléau, mais pour arrêter les noirs tourbillons de feu et de fumée qui nous portent la destruction et la mort.

Le Maroc et la Tunisie reposent tranquilles en dépit des vents brûlants du Sud, mais l'Algérie française est la proie des flammes depuis sa limite orientale jusqu'à sa limite occidentale.

En Europe où depuis des siècles, grâce à la civilisation chrétienne, tout marche avec régularité et sens, quand un feu extraordinaire, comme nous venons d'en compter par milliers autour de nous, jette l'alarme dans un canton, on dit tout naturellement : « Oh ! » quelle fatale imprudence, » ou « quelle infâme mal- » veillance !... » Mais en Algérie, où rien n'est bien organisé encore, mais en Algérie où tout encore respire l'incertitude, le même langage ne peut être tenu, on dit : « Que de chasseurs, dans ce malheureux » pays ! leur plomb détruit le gibier et leurs bourres

» mettent le feu. On devrait interdire la chasse pen-
» dant l'été et il n'y aurait plus d'incendie. Que de
» fumeurs enragés nous avons et qu'ils sont insou-
» ciants et sans prévoyance ; ils attendent juste les
» jours de siroco pour aller courir les bois, déjeûner
» sur l'herbe sèche à l'ombre des forêts séculaires, et
» jeter leurs cigares mal éteints sur un parcours de
» mille kilomètres, depuis le 6e degré de longitude
» orientale jusqu'au 4e degré de longitude occiden-
» tale. » On dit aussi : « Le 23 août 1865, le feu,
» comme par enchantement, a paru soudain sur des
» milliers de points à la fois ; les voyageurs européens
» sont bien imprudents; ils sèment des allumettes
» partout, même où ils ne passent point. Le soleil est
» brûlant, le simoun souffle avec violence, les allu-
» mettes s'enflamment et le feu... » ...et le feu a tout brûlé; c'est l'effet d'un morceau de verre, c'est l'effet du hasard, cette divinité des sots dont les sens alourdis peuvent encore reconnaître les phénomènes, mais qui sont très-heureux de trouver le hasard pour éviter à leur esprit paresseux la recherche des causes. Si, comme au baudet rétif, une botte de foin était attachée derrière leur dos et qu'on y mit le feu pour les faire marcher en avant, il est probable que nos inventeurs seraient parjures à leur dieu hasard et qu'ils chercheraient l'auteur réel de l'attentat, ne serait-ce que pour lui faire rendre rançon et guérir ainsi leur peau brûlée.

Mais laissons aux malades leurs rêves creux. Un moment viendra peut-être, heureux pour eux, où leurs yeux s'ouvriront à la lumière. En attendant, je résume ainsi qu'il suit les causes des incendies en Algérie :

Imprudence, malveillance, voisinage des bêtes fauves, besoins de terres de parcours, exagérations forestières.

L'incendie par imprudence n'entre dans ce travail

que d'une manière accidentelle, parce qu'il ne peut y avoir entre lui et l'incendie portant un caractère général absolument aucune analogie. J'ai cru devoir le faire intervenir cependant, parce que, comme on le verra par la suite, il n'est pas sans importance, dans le pays où nous sommes, comme preuve de l'incendie par malveillance.

Quand j'ai livré à la publicité mon premier travail sur les incendies, travail dont celui-ci n'est que la répétition augmentée de la précision des faits et de quelques considérations générales, j'ai entendu dire à bien des personnes : « Mais nous connaissions ces causes » depuis longtemps. »

Moi aussi, je suis heureux d'avoir pu leur dire, je les connaissais depuis longtemps, et c'est grâce à cette vieille connaissance que j'ai pu les énumérer sur le papier, car, s'il est vrai que l'on ne peut désirer ce que l'on ne connaît pas (ignoti nulla cupido), il doit être également vrai que nul ne peut dire ce qu'il ne sait pas. Prenez un livre au hasard, lisez une page sans choix, vous y trouverez des idées, des pensées et même des faits qui ne vous seront point étrangers. Le lecteur dira souvent aussi : « Mais je savais tout cela.» C'est très-vrai, il le savait, mais il n'avait jamais songé à le coordonner et à en faire part à ceux dont le savoir était moins riche que le sien. Cela dit en passant, voyons ce que c'est que l'imprudence appliquée aux incendies.

I

Incendies par imprudences.

Dans tous les cas possibles et immaginables, inventez les situations les plus bizarres et les plus extraordinaires, l'incendie par imprudence ne sera jamais que la suite et le résultat d'un fait isolé et ne se produira jamais que sur des points isolés. Il peut y avoir incendie par imprudence en même temps, c'est-à-dire le même jour et à la même heure peut-être, à Tombouctou, à Paris, à Londres, à Constantine; mais ces divers incendies n'embrasseront jamais des contrées entières, sur une longueur de deux cent cinquante lieues que présente l'Algérie ; il seront toujours localisés et ne porteront leurs ravages que sur quelques points circonscrits par la main de l'homme. L'incendie par imprudence est celui qui doit offrir le plus de variété et dont l'étude, par conséquent, doit offrir le plus d'attraits. C'est une jeune enfant jouant avec des allumettes ; sa robe a pri feu, l'infortunée fuit en tous sens la douleur qui s'attache à elle et dans sa fuite désordonnée la flamme se jette partout ; c'est un chasseur maladroit ; c'est un feu de bivouac mal éteint ; c'est un cierge qui incendie le voile blanc d'une jeune vierge et change en jour de deuil un jour de bonheur et de réjouissance ; ce sont enfin mille et mille circonstances auxquelles personne ne songeait, mais qui n'ont pu se produire et qui ne se produiront jamais que là où il y a habitation humaine : à moins que le feu ne tombe du ciel. Dès que le pompier a entendu le cri d'alarme, il arrive haletant; la chaîne se forme, les balanciers des pompes se lèvent et tombent sous des bras vigoureux, l'eau s'échappe en jets abondants, le feu frémit et fait place bientôt à de blancs tourbillons de fumée. L'homme s'est rendu maître de la flamme et tout est rentré dans le calme dans quelques heures : il n'a pas fallu, comme cela vient de se passer autour de nous, quinze jours de lutte et de fatigue surhumaine.

On trouve dans les journaux les comptes-rendus de ces incendies partiels, et jamais, que nous sachions, ces comptes-rendus ne nous ont appris qu'un incendie isolé eût jeté l'alarme et la désolation, non pas dans tout un pays, mais seulement dans un petit département, ce département fut-il hérissé de toutes les forêts vierges de l'Amérique. Si je vous disais que toutes les usines de France se sont données le mot pour faire sauter leurs chaudières, le même jour et à la même heure, vous me répondriez avec raison : « Oh ! quelle banalité nous contez-vous là. » C'est aussi banal, je l'avoue, que de vouloir faire incendier et brûler, le même jour et à la même heure, par le seul fait du hasard, d'une imprudence, de quelques morceaux de bouteilles cassées, toutes les forêts et les meules à fourrages de l'Algérie. L'imprudence, il faut le reconnaître, serait de longue haleine ; un loup quelque peu clerc ajouterait volontiers, à l'imprudence, une très-légère préméditation. Mais nous ne sommes pas des loups ; nous sommes tous des chrétiens, dirait quelque bon Français, et nous savons très-bien que la médisance est un péché.

L'incendie par imprudence étant un fait isolé, partiel, reste à savoir si, malgré ce que je viens de dire, il ne peut devenir fait général suivant les cas et les conditions au milieu desquels il peut se présenter en Algérie. Par exemple : deux gourbis placés au milieu d'une enclave forestière prennent feu par imprudence (cela arrive très-souvent), l'incendie ne peut-il pas s'étendre à la forêt qui entoure l'enclave et de là à d'autres forêts ? Voilà la seule objection un peu sérieuse que l'on puisse me présenter pour combattre ma manière de voir sur le dernier spectacle incendiaire dont nous avons été témoins, il y a quelques jours. Aux objections qui méritent une réponse, je n'en connais qu'une sérieuse, c'est celle des faits. C'est la meilleure preuve de certitude que l'on puisse donner, aussi je la saisis avec empressement, parce qu'elle ne peut laisser aucun doute sur le sujet qui nous occupe.

Le chantre de l'*Enéide* a dit quelque part : « *Labor improbus omnia vincit.* » Le travail opiniâtre vient à bout de tout, alors-même qu'il serait exécuté par des hommes jusque-là indolents et paresseux.

A côté de la théorie, voici la pratique.

Ne croyez pas que je veuille vous narrer quelques travaux dans le genre de ceux d'Hercule, ou, qu'embouchant la trompette guerrière, je veuille vous conduire, à la suite du dieu Mars, à quelque combat de géant ; rassurez-vous, mes forces sont trop faibles et ne peuvent atteindre si haut. Je ne suis ni bon marin ni bon soldat pour vous conduire à travers les mers et les batailles. Je veux seulement vous montrer quelques tourbillons de fumée, quelques feux isolés sans dangers et vous faire voir, au milieu de ces feux, quelques hommes demi-nus, se débattant comme des diables et travaillant comme des démons, bien que souvent ils regrettent de travailler pendant cinq mois d'une année, pour ne pas mourir de faim pendant les sept autres mois restant. Je veux vous montrer quelques bons Arabes, qui, depuis qu'ils ont rentré leurs grains dans les silos, vivent d'une douce oisiveté, dormant le jour sous un vieux frêne et ronflant la nuit à l'entrée de leurs gourbis. Y a-t-il près de leurs demeures un lieu frais, une source, une rivière ?... Venez les voir, ils sont huit ou dix ; l'emplacement le moins sec et le plus uni a été choisi pour lieu de repos et de rendez-vous pendant les journées de chaleur ; en s'y rendant, les plus aristocrates du douar vont jusqu'à la fontaine voisine rafraîchir leur cerveau ; quatre, tête contre tête, s'étendent à plat ventre en formant le rond, mettent leurs calottes sur l'oreille et se racontent, à demi-voix, leurs aventures amoureuses ; un s'étend sur le dos et regarde si les glands du chêne-liége qui l'ombrage ne seraient pas des citrouilles ; le dernier arrivé, retardé par les ans, a pris un arbre pour dossier et s'est assis... comment dire... sur son derrière.... un chat est un chat... Dans cette posture, il ramène ses talons contre ses cuisses et place ses genoux à hauteur de son menton ; c'est le vénérable de l'endroit. Ses deux mains s'appuient sur ses genoux et laissent tomber, le long de son burnous ramené sur ses jambes, un long chapelet dont le pouce et l'index font rouler les grains pendant que ses lèvres font un mouvement d'invariable régularité. Allez au rendez-vous à l'heure qu'il vous plaira, vous ne trouverez rien de changé à la mise en scène ; le tableau a conservé sa même monotonie, si rien de grave n'est venu troubler le flegme des personnages : heureux mortels ! ils n'ont de la vie aucun souci : Allah (Dieu) est là pour pourvoir à tout.

Ecoutez, un cri aigu vient de retentir dans le bois, sur la montagne !... C'est une voix frêle encore, mais perçante ; son accent a quelque chose de l'inquiétude. C'est le plus jeune des enfants du vénérable, gamin de dix ans à peine, le *pastor ovium* de la ferme arabe. C'est lui qui conduit les troupeaux vers les gras pâturages et les sources pures (si sources pures il y a en pays arabe, avec les centimes additionnels) ; c'est lui encore qui le ramène à la bergerie. Dix fois, vingt fois, cent fois sa voix en détresse a fait résonner la forêt et ses échos, et personne n'a songé à lui répondre ; dix fois, vingt fois il a crié : « *ïa béba*, oh ! mon père, la mouche a pris le troupeau, il va se perdre dans la forêt, le lion... » Le père enfin se décide à répondre, sans se déranger, par un *haou* lent et prolongé, et tout rentre dans le silence primitif. Une demi-heure, une heure quelquefois se passe avant que le vieillard consente à remettre le chapelet à son cou et à desserrer les dents ; il s'adresse alors à son fils aîné toujours regardant les glands : « Lève-toi, Ali, aide ton frère à retrouver le troupeau. » Ali, dans l'immobilité la plus parfaite, prétend qu'il est fatigué et qu'il a veillé toute la nuit précédente pour garder le troupeau et éloigner le lion. Ses excuses présentées, Ali ramène le capuchon de son burnous sur sa figure et, à l'exemple du vrai Guillot, s'endort profondément. On croira peut-être que j'ai exagéré cette scène de flegme ; erreur ; je n'ai rien exagéré et je puis même assurer que je ne suis pas arrivé à la réalité parfaite.

Le vieillard réfléchit encore quelques instants puis se lève ; pas le moindre signe d'impatience dans ses mouvements; tout va pour le mieux, il est content de son sort. Sa bouche a dit : Dieu est le plus grand, et ses jambes ont machinalement repris le chemin de son gourbi.

Un nouveau cri d'alarme s'est fait entendre, et soudain tout le monde y répond comme par enchantement ou comme frappé par une commotion électrique. Le vieillard a à peine franchi la moitié de la distance qui le sépare de son gourbi; il s'arrête inquiet et incertain encore. Ses yeux s'animent ; ses membres qui paraissaient paralysés, il y a un instant, s'agitent en tous sens et font d'un pan de son burnous un véritable télégraphe : le feu est à son gourbi, il le signale. Ce sont les femmes qui ont donné l'alarme ; à leurs voix, tous nos endormis de tout-à-l'heure, comme des serpents engourdis ranimés par la chaleur, ont répondu par des cris de feu en se précipitant vers leurs gourbis. Les plus paresseux sont souvent les premiers dans ces circonstances, c'est sans doute parce qu'ils doivent avoir en réserve une plus grande somme de force. Burnous, turbans, calottes et souliers, s'il y en a, tout a disparu dans la course. La longue chemise ou gandoura a été ramenée très au-dessus des genoux et ses larges manches attachées derrière le cou. Tout cela s'est fait avec la rapidité de l'éclair et, comme si tout avait été prévu et ordonné d'avance, chacun est à son poste et à l'œuvre. L'activité et la vie ont succédé à l'inertie et à la mort, et tous nos hommes, incapables de mouvement il y a un instant, sont métamorphosés en véritables démons ; on ne voit que leurs grands bras et leurs longues jambes nus allant, venant, tournant et retournant au milieu de la fumée et de la flamme. Là, pas de commendement, pas de pompes, pas de pompiers, personne pour donner des ordres et diriger le travail, et cependant tout se fait avec ordre, ensemble et précision ; chacun de son côté agit et travaille sans avoir besoin d'être stimulé ; chacun de son côté veille à la forêt et contribue à arrêter le feu. Par intervalle vous entendez une voix à moitié étouffée, criant : « Ha ché ïa ouledi, ha ché ïa ouledi. » Courage, mes enfants : c'est le mot. Les femmes, en quelques secondes, ont fait le sauvetage intérieur et assuré un approvisionnement d'eau. La moitié du gourbi incendié, a été arrachée à la flamme par les hommes, et les flammes elles-mêmes ont cédé devant le travail opiniâtre, aidé simplement de quelques poignées de terre et de branches vertes trempées dans l'eau. La forêt voisine ne s'est pas même aperçue du danger qui la menaçait ; une demi-heure s'est à peine écoulée depuis le cri d'alarme, et du feu il ne reste plus que la trace. « Dieu soit loué. C'est lui qui a éloigné de nous la ruine qui nous menaçait, en préservant la forêt du mercanti, » et toutes les bouches répétent : « Dieu soit loué ! »

Le danger passé, chaque héros court à la fontaine se désaltérer et se rafraîchir, tout en racontant ses actions d'éclat. Il n'y aura pas de rapport, pas de compte-rendu, personne ne sera signalé ni proposé pour la médaille d'encouragement. Tous n'en ont pas moins bien fait leur devoir en rivalisant d'activité, de sang-froid et de travail. Le fait n'est pas inventé à plaisir : j'ai été témoin et acteur ; il remonte au mois d'août 1861.

Pendant les mois d'août et septembre 1861 et 1862, j'ai compté 23 feux de même nature que celui que je viens de décrire, c'est-à-dire 23 feux isolés, soit de gourbis, soit de meules de paille ou autres, dûs à des imprudences et tous éteints de la même façon : même activité, même dévouement et même attention pour tout ce qui était forêt. Sur tous ces feux, deux seulement se sont étendus à des parties de forêts et ont pu brûler environ un ou deux hectares de broussailles ; ils ont été arrêtés par les Arabes, l'un de midi à une heure par un siroco donnant 46 degrés de chaleur ; l'autre vers les neuf heures du matin. Ce dernier était la suite d'un feu de bivouac mal éteint, et le premier était dû à une boîte d'allumettes tombée sur la grande route ; la chaleur, aidée par la roue d'une voiture passant (c'est le cas de dire par hasard), mit le feu aux allumettes, de ces dernières aux herbes sèches du fossé de la route, et de là enfin aux chaumes et à la forêt, qui n'en était éloignée que de trois mètres à peine.

Ces deux faits se sont passés en 1862, entre Jemmapes et Ras-Elma, arrondissement de Philippeville, l'un à Ras-Elma même, l'autre près de Saint-Spérat. Les Arabes de Ras-Elma, au nombre de 20 au plus, les ont éteints et sont encore là pour témoigner de ce que j'avance.

On m'objectera peut-être que ces 23 feux se sont présentés dans des conditions tellement favorables, qu'ils n'ont pu provoquer d'incendie de forêt. Comment, pas un d'eux n'aurait pu être aidé par le hasard, ce grand faiseur, ce grand incendiaire algérien ? Qu'en pensez-vous, protecteurs de l'islam !... Vous hésitez, peut-être ? — Attendez, alors, et j'essayerai de changer vos hésitations en certitudes.

Un de ces 23 feux fut le fait d'israélites, habitants de Jemmapes, qui avaient été chercher au bord d'un clair ruisseau un souvenir, une image du Jourdain. Il avait été décidé, pour rendre l'image plus frappante et le souvenir plus doux, que la pitance de la journée se ferait en plein air et se mangerait de même. Le feu s'allume, les mets s'apprêtent à l'ombre d'un vieil olivier, centenaire dix fois au moins, et à l'ombre d'une belle forêt de chênes-liége, aujourd'hui réduite en cendre. Les enfants de Moïse dégustent bientôt les mets et oublient le Jourdain avec ses rives verdoyantes, en savourant un petit verre de mahia (anisette de figues). Le feu lui, n'oublie pas sa mission ; créé pour brûler, il veut remplir sa tâche, malgré les précautions prises, il porte soudain ses flammes au milieu de la grosse broussaille, encouragé dans sa course vagabonde par une fraîche brise du nord-est. La situation était des plus périlleuses, toute la forêt était menacée, et c'en était fait d'elle, trois ans plus tôt, sans les vieux thermes du voisinage où se trouvaient réunis une dizaine de baigneurs arabes. Sauver Israël des colères judiciaires et éteindre le feu fut pour eux l'affaire d'un moment. Remontez au mois de septembre 1862 ; allez jusqu'aux eaux chaudes de l'Oued-Hamimim, à 9 kilomètres de Jemmapes ; interrogez le vieil oukaf du douar voisin et ses administrés ; interrogez leur cheikh Ali ben Lamri et ils vous diront que non-seulement ils ont arrêté ce commencement d'incendie en 1862, mais qu'en 1863 encore, le 6 septembre, à deux heures de l'après-midi, ils se sont rendus maîtres d'un feu qui avait déjà dévoré un hectare et demi de chênes-liége et de broussailles.

En 1861, un autre de ces 27 feux fut le fait d'un

gamin arabe de cinq à six ans. Une allumette lui tombe entre les mains ; il l'allume et allume sa chemise. Notre gamin de courir de son mieux ; il va faire tête dans une meule de paille et y met bravement le feu par une chaleur tropicale et un sirocco digne du Tartare ; nous étions arrivés au premiers jours de juillet. Toute la paille a été la proie des flammes, plus deux forts meulons de gerbes de blé et d'orge, représentant la récolte de douze hectares. Le tout était à cheval sur une terre de labour et un sol forestier bien fourni en broussailles et en beaux arbres. La forêt n'a pas eu de mal : je dis pas de mal parce qu'il n'y a eu que deux ou trois arbres atteints par le feu et peut-être dix pieds de myrthe. Ce feu a commencé à dix heures du matin, à 30 kilomètres de Jemmapes, dans les montagnes des Zerdezas et sur les terres de Mou-Nehal. J'ai vu par moi-même la fin de cet incendie. Son intensité première ayant attiré mon attention, je me rendis sur les lieux avec le cheikh de l'endroit, Ahmed ben Abdallah, deux cavaliers du bureau arabe départemental et mon secrétaire, Salah bou Acida.

Il me serait facile, si je ne craignais pas d'être trop long, de passer en revue chacun de ces 27 feux précités et de donner les noms des indigènes ayant fait preuve de courage et de dévouement. Qu'il me suffise de dire que nous sommes dans un pays essentiellement forestier, comptant au moins 30,000 hectares de forêts concédés et autant à concéder encore, et que toutes ces forêts s'enchaînent les unes aux autres. Qu'il me suffise de citer, pour terminer l'incendie par imprudence, encore 17 feux que nous avons tous vus en 1863 dans les massifs forestiers les plus épais, défiant le travail le plus opiniâtre et les plus hardis travailleurs. Que sont-ils devenus ces feux?... Comme les autres ils ont été éteints, en dépit des obstacles, sans causer aucun mal aux forêts au milieu desquelles ils avaient été allumés. Les indigènes qui les ont arrêtés sont encore là, le sol n'a pas changé de place, les incrédules peuvent venir voir de leurs yeux et toucher de leurs mains.

Réjouissez-vous donc arabophiles, applaudissez arabomanes, arabolâtres tressez une couronne, voilà des faits qui parlent seuls et qui semblent préparés pour venir rehausser vos théories mensongères. Rassurez-vous, ils ont été recueillis pour servir la vérité et pour prouver cette réflexion d'un Arabe sensé à qui j'expliquais le sens des noms dont vous vous décorez : « Ce sont nos amis, alors, qui nous envoient en France (à Toulon) et ce sont nos ennemis qui veulent notre bonheur ; que Dieu soit loué, qu'il nous donne l'intelligence et qu'il éloigne de nous les victoires des méchants. »

Il résulte des faits qui précèdent, et de milliers d'autres de même nature qui se sont produits sur le sol algérien, que les feux résultant d'imprudences ne sont jamais que des feux isolés, et que ces feux isolés n'ont jamais provoqué d'incendie général, à moins que l'homme, et non le hasard, veuille bien y mettre de la bonne volonté : dans ce cas, l'incendie par malveillance n'est séparé que d'un pas de l'incendie par imprudence. C'est ce que j'examinerai en jetant un coup-d'œil rétrospectif sur les 17 feux que je viens de mentionner.

Quels sont les remèdes à appliquer aux incendies par imprudence? Le sentiment du devoir les a écrits au fond des consciences, et ce sentiment parle au cœur du musulman comme au cœur du chrétien, quel que soit, d'ailleurs, son mobile, l'amour du bien ou la crainte des châtiments.

Pour compléter cet aperçu sur les incendies par imprudence, voici un document officiel qui trouve naturellement ici sa place :

« 16 août 1861, 3 heures et demie de l'après-midi.
» Au moment des courses, organisées en l'honneur
» de la fête de Sa Majesté l'Empereur, le feu s'est dé-

» claré dans les meules de blé à Lemoine-Jean. Le feu » n'était plus qu'à deux mètres des broussailles qui » bordent les accidents de terrain formés par l'Oued- » Fendek, quand les Arabes se sont mis à l'œuvre pour » arrêter sa course. Dix minutes de retard auraient » causé les plus tristes ravages. Il a fallu plus de deux » heures à nos Arabes pour se rendre maîtres de l'in- » cendie. Les caïds, les cheikhs et les cavaliers des » goums se sont dignement conduits dans cette circons- » tance : le zèle et l'activité déployés par eux sont dignes » d'éloges.......................................

» ....

» ....Hommage rendu au mérite, » je me résume en déclarant que les Arabes ont sauvé » la plaine de Jemmapes d'un vaste incendie, et qu'ils » ont bien mérité de l'administration et de la popula- » tion civile.................................. »

II.

Incendies par malveillance.

Ici ma tâche devient difficile, non que les matériaux manquent à mon sujet, mais parce que je sais combien de susceptibilités je vais éveiller. Personne cependant, j'en ai la ferme conviction, ne pourra, en prenant pour base de jugement les faits précédents, me taxer de partialité ou me reprocher d'arriver sur le terrain si brûlant des incendies avec des idées préconçues qui donnent toujours dans des exagérations contraires. Je n'ai qu'un seul but : arriver loyalement et exactement à la connaissance de la vérité sur le sujet qui m'occupe, en étudiant de mon mieux, et en présentant le plus nettement possible, les hommes et les faits qui se rattachent naturellement à ce sujet.

En attaquant la question si délicate des incendies par malveillance, je ne veux dresser de bûcher pour personne : je suis heureux de n'avoir aucune des qualités requises pour cela. Mais je désire vivement aider l'opinion publique à se dégager des incertitudes calculées qui la travaillent en tous sens, et appeler son attention et l'attention des hommes compétents sur les causes vraies des incendies, afin qu'ils puissent par des mesures vraies aussi, assurer l'avenir. Puissé-je contribuer à prévoir le mal pour ne pas avoir la douleur de le voir châtier dans ses auteurs.

Si le médecin ne connaît pas le mal qui tourmente son malade ; si ce dernier ne lui fait pas connaître sa douleur vraie, le disciple d'Hippocrate ne pourra évidemment pas lui administrer un remède efficace. Ce serait de mauvais goût que d'en vouloir au docteur qui, placé dans de telles conditions, n'aurait point de succès dans ses traitements, comme ce serait aussi de mauvais goût que d'en vouloir aux hommes chargés du bien public, de ne pas avoir pris toutes les mesures voulues pour empêcher les incendies alors qu'on les a étourdis, en leur criant de toutes parts, que ces incendies n'étaient dûs, en grande partie, qu'aux bouteilles cassées ou à d'autres causes plus ridicules et plus mensongères encore.

Dans les incendies de forêts peut-il y avoir incendie par malveillance ?

Oui, et toutes les fois que les incendies se généralisent comme en 1860, 1863 et 1865, on peut sans crainte les attribuer à la malveillance.

Dans les sols forestiers quels peuvent être les auteurs des incendies par malveillance ?

Des indigènes arabes en particulier dans certaines circonstances, comme en 1863, par exemple, et la généralité des indigènes dans d'autres, comme en 1860 et 1865 (nous ne voulons parler, bien entendu, que des indigènes algériens habitant le sol forestier).

A l'appui de mes affirmations voici mes preuves :

J'ai montré l'Arabe, malgré toute sa nonchalante paresse, déployer activité, courage et dévouement, et se rendre maître d'un feu, avec peu de ressources, souvent avec plus d'adresse et d'intelligence que nous. Je l'ai montré, non pas dans une circonstance mais dans plusieurs, et pour ne rien laisser désirer à la certitude, je suis prêt à montrer les sites où les faits se sont passés. Je n'écris donc pas sans connaissance de cause.

Supposons-donc un instant que les mêmes faits de feux isolés, résultats d'imprudences, se reproduisent devant nous. Voilà les mêmes incendies qui s'allument et voilà en leur présence les mêmes Arabes qui, jadis, les ont éteints, mais qui aujourd'hui, oubliant leur devoir, restent engourdis à leur place de repos, regardent le feu étendre ses ravages et ont presque envie de vous rire au nez. En accordant que tous les incendies soient la suite d'imprudences, attribués à toutes espèces de causes, pourquoi les indigènes, puisqu'ils le peuvent quand ils le veulent, ne les éteignent-ils pas?... Pourquoi en 1861, 1862 et en 1864, tous les feux qui ont surgi autour de nous ont-ils été éteints?... Pourquoi en 1863 y a-t-il eu beaucoup de commencements d'incendies d'arrêtés?... Pourquoi enfin, en 1861, 1862 et 1864 les incendies n'ont-ils causé aucun dommage, et pourquoi en 1860 et 1865 ont-ils tout dévoré, les forêts en plein rapport de préférence à la mauvaise broussaille?... Quelles conséquences tirer de ces situations différentes?... On peut en tirer telle conséquence que l'on voudra, quant à moi qui écris et qui ai vu de mes yeux, je tire pour conséquence le flagrant délit d'incendie par malveillance.

En 1863, dans le court espace de 48 heures, dix-sept feux se sont déclarés dans un magnifique îlot de forêt de chênes-liége n'ayant pas moins de 1,000 à 1,500 hectares. Cet îlot appartient à la Compagnie Lucy et Falcon. Les feux ont surgi, par intervalle, sur différents points, en présentant deux lignes de bataille dont l'une était placée sous le vent du Sud et l'autre sous la brise du Nord-Est. Ils étaient bien distancés et très-bien placés pour que tous les points de la forêt pussent se ressentir de l'influence bienfaisante de leurs rayons.

Ces dix-sept feux s'acharnant avec ordre sur un massif forestier étaient-ils le fait du hasard?...... des chasseurs?...... des verres ou des bouteilles cassés?.... des imprupences européennes?.... Je laisse au bon sens le soin de répondre; voici, pour moi, ce qui s'est passé. Les dix-sept feux ont été éteints, au fur et à mesure qu'ils se sont déclarés, par les Arabes d'Aïn-Cherchar, conduits par leurs chefs de fraction, Effodla ben Messaoud et Ahmed ben Abd el Kader. Il se sont si bravement conduits que les dommages causés ont été insignifiants. Mais, ce qui n'a pas été insignifiant, et qu'il importe de relater, c'est la réclamation adressée par ces mêmes arabes à leur chef immédiat. Voici cette réclamation textuellement reproduite : « Nos femmes et nos « enfants sont en pleurs ; le feu, à chaque instant, les « menace de ruine et de mort. Quant à nous, regarde « nos chemises, regarde nos burnous, regarde nos bras « et nos jambes, les traces du feu y sont empreintes. « Depuis trois jours et trois nuits, nous ne connais- « sons ni repos ni sommeil. Les enfants du péché ont « décidé notre ruine et juré notre perte ; leur but sera « atteint si tu ne sévis contre eux. Emprisonne, s'il le « faut, innocents et coupables, nous les premiers, et « la tranquillité renaîtra. Les coupables sont au milieu « de nous. Frappe sur tous sans distinction, et ceux « qui n'ont rien fait sauront bien trouver les enfants « du péché, auteurs du mal. Ce ne sont pas des étran- « gers qui mettent le feu, ce sont des gens de la tribu ; « donne des ordres sévères pour les rechercher, punis « et on les trouvera. »

Tous les caïds, tous les cheikhs, tous les indigènes que j'ai interrogés, sans exception aucune, ont confirmé cette réclamation ; tous ont accusé leurs frères, assurant qu'eux seuls pouvaient faire surgir des feux si nombreux et sur tant de points divers à la fois.

On peut, à cet égard, se renseigner auprès des caïds Salah ben Touëmi, Lakdar ben Ahmed, des cheikhs Ahmed Saïfi, Ali ben Lamri, Abdalla ben Aïssa, Meberouck ben el Hadj et de n'importe quel indigène habitant les territoires incendiés.

Voici la réponse faite, par le caïd Abdalla, à ses cheickhs, qui lui demandaient la ligne de conduite qu'ils devaient tenir en présence des incendies qui surgissaient sur tous les points en même temps :

« Faites tout ce qui dépendra de vous pour arrêter

« les incendies; quant aux incendiaires, vous aurez « beaucoup à faire si vous voulez tous les arrêter; on « infligera une amende générale et ce sera justice, « puisque tous mettent le feu : cela les corrigera peut-« être. » Ces paroles m'ont été répétées par le cheikh Mohamed ben Mehamed.

Voilà comment parlent tous les hommes qui ont vu de leurs yeux et qui ont mis la main à l'œuvre.

Pour corroborer ce qui précède, je crois utile de donner, ici, la traduction de deux lettres arabes qui ne manquent pas de signification :

« Louange à Dieu, il est un.

« A la personne illustre, à notre ami M. Gravius; « que le salut soit sur toi avec la miséricorde et la bé-« nédiction. J'ai reçu ta lettre chérie, nous l'avons lue « et nous avons compris tout ce qu'elle renfermait, « nous avons eu soin de tes intérêts ; que Dieu en soit « loué. Tu nous as écrit au sujet du feu qui a été mis « au Hamma et qui de là a gagné la montagne appelée « Djebel-el-Ghadir. Moi j'ai arrêté l'homme qui a mis « le feu à la montagne, il s'appelle Redjem ben el « Chebi el Ouckaf, et il y avait avec lui trois autres « personnes qui sont : Mohamed ben Abdalah, Ahmed « ben Aïssa et Brahim ben Yousef; ils ont prêté té-« moignage contre eux-mêmes comme ayant mis le « feu. Je les ai envoyés, prisonniers, à Constantine. « Salut de la part de ton ami, pour toujours, le caïd « Ahmed ben Sultan, que Dieu le chérisse. Amen. »

« Le 31 août de l'an 1865. »

Les quatre indigènes désignés dans cette lettre n'avaient aucun intérêt personnel à mettre le feu; ils n'ont été que les agents des douars situés autour du Djebel-el-Ghadir, qui voulaient se procurer des pacages. Ils ont parfaitement réussi, car le feu a dévoré environ 800 hectares de broussailles et pour plus de 35,000 francs de très-beau bois de charronage, de construction, de carbonisation et de chemin de fer. L'industriel à qui appartenaient ces bois est complètement ruiné, après un an de travail, de fatigues, de privations et de sacrifices. J'en sais quelque chose.

Si encore il était le seul.

Autre Lettre.

« Louange à Dieu,

« A la personne très-illustre et très-élevée de M. F..., « chef (des arabes) de Jemmapes. Que le salut soit sur « toi et avec la miséricorde de Dieu et sa bénédic- « tion. Que nous t'apprenions la nouvelle du bien, s'il « plaît à Dieu, au sujet du feu allumé sur le territoire « du cheikh Mohamed ben Mehamed, au lieu dit : le « Mamelon de l'assemblée. Mes gens éteignaient le feu, « et l'oukaf du cheikh Mohamed ben Mehamed, le « nommé Djab Alla ben El Lakdar les insultait et leur « disait : n'éteignez pas le feu, tout le monde le met. « Et les gens du cheikh Mohamed ben Mehamed di- « saient, en outre: nous incendierons votre territoire; « c'est ce qui m'a été rapporté par la Djemaâ. Pour « mon territoire, il est intact. Salut. Daté du mois de « Dieu, Rebia-El-Ouel, 3e jour, vendredi, an 1282. « Ecrit par ordre du cheikh Taïeb ben Laïdi, que Dieu « en prenne soin. Amen. »

Pourquoi un document de cette nature est-il resté dans le carton des oublis?.... Parce que, chose pénible à reconnaître, les agents de l'administration algérienne craignent de faire connaître la vérité sur les incendies, surtout depuis 1860. Ceux qui ont osé parler, je puis le dire par ma propre expérience, savent ce qui leur a été donné en injustes disgrâces.

Le caïd Lakdar ben Mohamed, des Seuhadfa, me disait à moi-même, en 1863 : « Ne crains rien pour « le côté qui me regarde; mes gens sont dans ma

« main, et, je puis t'assurer, qu'ils ne mettront pas de « feux. »

J'étais alors chef du bureau arabe de Jemmapes.

Mettant de côté toutes passions, tout esprit de parti, après lecture réfléchie de ces divers documents, fournis par l'indigène lui-même, peut-on encore penser sérieusement que les Arabes accuseraient leurs propres frères, leurs coreligionnaires, s'ils n'étaient pas intérieurement et intimement convaincus de leur culpabilité? S'ils pouvaient attribuer les incendies à des causes qui leur seraient étrangères, peut-on croire qu'ils ne s'empresseraient pas de rechercher ces causes, et de les dénoncer, pour mettre leur responsabilité à couvert?.. Qui peut mieux nous juger que celui qui vit de la même vie que nous! Qui peut mieux nous désigner pour le châtiment ou la récompense que celui qui traîne son existence dans un gourbi semblable au nôtre, qui gémit sous la chaîne des mêmes vices, et qui peut se réjouir de la pratique des mêmes vertus? Si l'Arabe savait qu'une ombre de soupçon peut peser sur nous, comme il saisirait cette ombre avec empressement, comme il emploierait toute son activité et sa vigilance pour nous la livrer et dire : « Voyez, voilà votre « travail, et vous dites que c'est nous! » Que l'on essaye de faire mettre un feu, seulement, par un Européen, dans n'importe quelle forêt; que l'on prenne jusqu'aux moindres précautions de sécurité, il sera découvert quand même et l'Arabe ne manquera pas de vous l'amener poings liés, ou de vous le dénoncer, en vous fournissant, sans aucun retard, toutes les preuves désirables de certitude; vous le verrez déployer d'autant plus d'empressement, qu'il éprouvera plus de satisfaction de faire châtier un Français par des Français. La joie du tigre brillera dans ses regards!...... il tient entre ses mains un chrétien coupable, et c'est par des chrétiens qu'il aura la satisfaction de le faire punir.... Voilà comment notre égalité judiciaire est malheureusement comprise par ce peuple arabe que l'on appelle intelligent ; il peut l'être, mais à sa façon.

Pendant que nous écrivons, on nous adresse une objection :

« Pourquoi les Arabes, puisqu'ils arrêteraient si « bien un Européen, n'arrêteraient-ils pas aussi ceux « des leurs qui mettent le feu et qu'ils n'accusent sou- « vent que d'une manière générale ? »

Par de simples raisons de convenances personnelles ; les caïds et les cheikhs n'arrêtent souvent pas les incendiaires, bien qu'ils les connaissent parfaitement, parce que leurs grandes occupations financières leur imposent cet oubli....

Quelle plaie que cette avide féodalité indigène qui, d'un côté nous trompe, et de l'autre, ruine les populations qui lui sont confiées et qui regrettent d'avoir à lui obéir.

Quant à l'Arabe proprement dit, il arrêtera l'Européen qui lui est complètement étranger, contre lequel il peut se mettre à couvert et dont il n'a rien à redouter pour l'avenir, et n'arrêtera pas son coreligionnaire : 1o Parce qu'il ne se soucie pas beaucoup de le livrer à des chrétiens impies ; 2o parce qu'il veut éviter surtout d'être le dénonciateur d'une famille qui vit à côté de la sienne et qui peut, du jour au lendemain, user à son égard de la peine du talion. Il faut que l'Arabe soit atteint dans sa propre personne, ou dans celle d'un membre de sa famille, pour accuser nominativement son adversaire. Dans tous les autres cas, il se contente de généraliser, à moins qu'une main de fer le saisisse par le cou et lui fasse rendre la vérité malgré lui. Et, quand il généralise, il le fait avec une adresse infinie. Il sait s'effacer complètement, tout en se posant en victime, et laisser tout le beau de la situation au chef auquel il s'adresse : « Dieu t'a donné la force « et l'intelligence ; tu es notre lumière et le protecteur « de nos enfants ; le coupable ne peut t'échapper, ta

« justice le saisira partout; nous sommes faibles et im-
« puissants, toi seul peux le trouver et l'atteindre,
« sans toi nous ne pouvons rien. »

Les novices se laissent prendre à ces cajoleries ; le chef d'expérience comprend que c'est le moment d'agir et que nous ne pouvons être dupes d'une basse flatterie souvent inspirée par la ruse, la duplicité et la perfidie, défauts dominants de tous les peuples qui, depuis l'époque la plus reculée, jusqu'à nos jours, sont venus jouer leur rôle sur cette immense partie de l'Afrique qui s'étend du Maroc à l'Egypte, de la Méditerranée au Sahara. Interrogez tel historien qu'il vous plaira, prenez n'importe quelle époque de l'histoire de l'Afrique du nord, quels que soient les peuples qui se présentent à vous, les mêmes défauts rongent leur société pour les conduire, tôt ou tard, du rôle brillant de vainqueurs au rôle humiliant de vaincus. Que le passé serve donc de leçon à l'avenir.

Il n'entre pas dans mon travail de passer la revue des différents peuples qui, tour à tour, sur le sol africain, sont venus faire parade de vices héréditaires à la patrie du fils maudit, Cham. Mais j'étais bien aise, dans le cours de mon exposé, de citer un fait étayé par des siècles d'observations et de témoignages, et qui, aujourd'hui encore, se présente à nous avec toute sa vivacité première. Si la réincarnation spirite était de notoriété publique, je croirais volontiers que Gétules et Libyens, Carthaginois et Cyrénéens, Numides et Maures, et tant d'autres, se sont donné rendez-vous sous le capuchon du burnous musulman pour ne point laisser tomber en désuétude la vieille foi punique.

Que l'on se garde, ici, d'exagérer mon opinion; nous savons qu'il y a partout des hommes intègres, justes et amis de la vérité. Nous en connaissons beaucoup au milieu des populations indigènes, et, à leur égard, nous éprouvons une bien vive douleur : trop souvent ils sont méconnus parce que l'homme intègre est au-dessus de la flatterie... Souvent nous avons entendu de bons Arabes gémir sur les travers de leurs semblables et quelquefois sur nos fautes à leur égard... on en compte beaucoup... Ils savent se juger, et parfois aussi ils nous jugent très-bien. En voici un exemple :

Il n'y a pas longtemps, je chevauchais, en territoire arabe, en compagnie de quelques indigènes, dont l'un s'appelle Salah ben Amar el Zaleni. Les incendies étaient éteints depuis huit jours à peine, et, avec toute la tristesse que méritait la situation, je pouvais considérer à loisir toute les richesses forestières à jamais perdues. Mes regards tombèrent sur une bizarrerie du feu, qui, après avoir dévoré 500 hectares environ de forêt, était venu former un immense fer à cheval autour d'un massif de broussailles. Je fis part de ma surprise à mes compagnons de route, leur disant que je trouvais extraordinaire que cette broussaille fut épargnée par le feu. « Il n'y a à cela rien d'extraordinaire, répondit l'un d'eux, habitant du pays, cette broussaille a été brûlée, il y a un an, par le douar voisin, au moment où il y a eu quelques commencements d'incendies. » Je fis observer à ce naïf ami de route qu'il était dans l'erreur la plus profonde, que le feu de forêt ou celui de brousaille ne pouvait en aucun cas être attribué à l'homme indigène, attendu que ce dernier, essentiellement *laborieux*, n'aimait pas à se procurer des ressources en pacage, bois de combustion ou autres, par des moyens trop amis de la paresse ; qu'il préférait détruire les broussailles à coups de hache, et que le feu, selon les prétentions de M. le président du bureau des vœux du conseil général de la province de Constantine, ne pouvait provenir que d'imprudences européennes ou de combinaisons chimiques qui, sous l'influence de 78 degrés de chaleur produisait des incendies spontanés. (Voir le journal l'*Indépendant* du 6 octobre 1865.)

Pour donner plus de poids à mon histoire, j'assurais,

à mes incrédules, que les choses se passaient ainsi : en Provence, en Espagne, en Portugal, voir même en Asie-Mineure, si on a bonne vue. Voici mot à mot la réponse qui m'a été faite : « Tu te moques toujours de « nous et tu nous racontes toujours quelques plaisan- « teries, » dit l'un, souriant avec malice. Un autre ajoute aussitôt : « *C'est vrai, ils ont des gens qui di-* « *sent ces paroles; eux aussi sont comme nous, ils ont* « *des gens qui ne savent pas et qui ne comprennent* « *pas.* » (Textuel).

Chrétiens, qui avez abandonné la croix signe de civilisation et d'humanité, pour courber le front devant le veau d'or, surmonté d'un croissant, ne m'en veuillez pas, si vous existez réellement; je n'ai fait que répéter le jugement dont vous gratifient vos protégés. S'il vous déplait, soignez mieux leur instruction. Donnez-leur surtout quelques notions de chimie, afin qu'ils sachent bien que ce ne sont pas eux qui mettent le feu aux forêts par malveillance, et que nous n'ayons plus, pour la plus grande satisfaction de tous, à relater des faits semblables à ceux qui vont suivre.

Je me suis souvent demandé, en lisant certaines discussions provoqués par les incendies de 1865, pourquoi l'on cherchait à nous entraîner sur un terrain qui n'est pas le nôtre, et pourquoi l'on voulait nous faire étudier les causes des incendies dans des pays par trop éloignés, en Espagne ou en Asie mineure, alors qu'autour de nous et sous nos yeux nous avons tous les élémens désirables pour arriver à la connaissance réelle des faits? Pourquoi fabriquer tant de systèmes et tant de combinaisons erronées, pourquoi tant d'effort d'imagination pour attribuer les incendies à des circonstances bizarres, et qui, trop souvent, touchent au ridicule?...... Pourquoi prétendre enfin que l'imprudence des Européens est le point de départ des incendies?.... Une telle préférence contraste par trop mal avec l'innocence forcée que l'on veut conserver aux Indigènes, en dépit de leurs propres aveux.

Cette façon systématique de présenter les faits les plus faciles à saisir, quand on veut être sincère, sous un jour toujours embrouillé, ne peut évidemment servir que des intérêts privés. Quant aux intérêts généraux je ne crains pas de le dire hautement, elle les foule aux pieds tant pour les Indigènes que pour les Européens et elle prépare de terribles représailles un jour, car enfin il faudra bien que tôt ou tard la vérité triomphe, et ce triomphe sera d'autant plus terrible qu'il aura été précédé d'un plus grand nombre d'incendies. Pourquoi donc, sans rime ni raison, rendre irréparables, en les laissant se cumuler et se perpétuer, des maux auxquels on peut aujourd'hui porter remède, sans trop léser les uns et les autres?

Pour combattre l'erreur, et, pour ne laisser aucun doute sur l'esprit du lecteur, examinons encore quelques faits et voyons s'il peut y avoir seulement quelque vraisemblance à prétendre que les incendies se déclarent toujours au moment des plus fortes chaleurs de la journée, ou qu'ils résultent le plus souvent d'imprudences européennes, ainsi que le prétend M. Vital.

1860. — Extrait d'un rapport officiel

« . . . . C'est le 13 septem-
« bre dernier que le feu s'est manifesté pour la pre-
« mière fois dans le caïdat des Senhadja. Alimenté par
« les Arabes il s'étendait avec une rapidité prodigieuse.
« Des hauteurs qui dominent la plaine, les agents de
« l'autorité purent constater l'existence de plus de
« 60 foyers différents. Grâces aux précautions éner-
« giques de M. Paul Lichteinstein. . . . .
« . . . .
« Dans la journée du 17, encouragés sans doute

« par le mauvais exemple des gens des Senhadja, les
« Arabes des Zerdezas allumèrent un nouvel incendie.
« Celui-ci éclata à Aïn-Enchem, cheikhat de Mellila.
« . . . . Depuis ce jour jusqu'au 2 octo-
« bre suivant, des incendies partiels furent allumés sur
« presque tous les points du territoire . . . . .
« . . . . . . (19 septembre même année). Je croyais
« avec d'autant plus de raison à des actes de malveil-
« lance de la part des Arabes que deux jours aupara-
« vant, trois Arabes incendiaires avaient été surpris,
« par M. de Castellet (chef du bureau arabe alors), en
« flagrant délit, sur le territoire des Senhadja. Ci-joint
« une lettre de M. Lichteinstein prouvant que les in-
« cendies de la journée du 17 se manifestaient, dans
« le district de Jemmapes, d'une manière générale. »

Ce rapport conclut ainsi :

« Si des faits de cette nature se passaient en France,
« la justice trouverait sans peine des témoins nom-
« breux, grâce auxquels les coupables seraient arrêtés
« et punis selon la loi. Il n'en est pas de même en
« Algérie par la raison bien simple que les Arabes,
« solidaires les uns les autres, sont également intéres-
« sés à garder le silence. . . . .
« . . . .
« Est-ce à dire qu'il faille à défaut de preuves renon-
« cer à la poursuite des coupables? Ce serait..... une
« grande faute. Nous le répétons, il existe entre les
« indigènes une solidarité d'intérêts et d'intention,
« si non de fait, dans les incendies en question. On
« doit donc les considérer comme étant à peu près
« tous coupables, et les frapper en conséquence. »

« L'impunité dans une circonstance aussi grave,
« serait considérée par tous les Arabes sans exception
« aucune, comme une preuve de faiblesse et peut-être
« de crainte. »

De semblables paroles, écrites par un fonctionnaire

haut placé, parlant la langue arabe, et comptant plus de vingt ans de services administratifs en Algérie, méritent d'être prises en considération sérieuse. Mieux que tous les canons chronométriques, elles expliquent et font connaître la situation vraie.

Bien que je ne sois docteur ni en médecine ni en droit, ni en toutes autres sciences, je puis cependant faire, à mon tour, le narré de certaines batteries incendiaires qui ne blessent en rien la vraisemblance et qui n'insultent ni la vérité ni le bon sens public.

1863. — Batteries incendiaires.

En général, j'ai remarqué qu'il y a très-peu d'incendies dans les forêts de chênes zéens, presque pas, pour ne pas dire pas du tout, dans les forêts de pins, et beaucoup dans les forêts de chênes-liége. Cela provient-il de ce que dans ces dernières forêts la combustion, par combinaisons chimiques, ou par canons chronométriques, se produit plus facilement que dans les autres massifs forestiers?.... Nous avons des exemples de ces combinaisons et volontiers au lieu de chimiques, je les appellerais diaboliques : le diable est si roué! On peut s'étonner justement de ce que les arabophiles n'aient pas pensé à lui....

Voici un exemple qui remonte *au 4 septembre, 5 heures 1/2 de l'après-midi :*

La brise du soir commençait à se faire sentir légère et fraîche. Le thermomètre marquait bien au-dessous de la moitié de 70 degrés de chaleur. Depuis trois jours on s'était rendu maître d'un vaste incendie, et chacun songeait au repos que l'on goûte si volontiers après une longue fatigue accompagnée de privations. Européens et Indigènes se disposaient à regagner leurs demeures, quand une *combinaison chimique*, des plus malencontreuse, fait surgir soudain un nouveau foyer d'incendie,

Il y eut un moment de désespoir suprême et de découragement, facile à comprendre en songeant que la lutte partait du 17 août et qu'elle comptait 21 jours au milieu des flammes.

Après l'hésitation, le courage revint; on s'élance contre le nouveau foyer, au pas de course. Chemin faisant un imprudent heurte une machine d'où commencent à se dégager un peu de fumée et quelques flammes incertaines. Qu'est-ce? Ce sont sans doute les essences résineuses, grasses et humides du liége, qui, sous l'action d'une élévation exceptionnelle de température, prennent feu.... peut-être.... mais l'aiguille, six fois déjà, a fait le tour du cadran depuis midi; la température est fraîche et l'horloge a marqué déjà 6 heures du soir; qu'est-ce donc, canons chronométriques?... Une erreur simplement. C'est tout bonnement un rouleau de liége, un canon, tels qu'en préparent les Arabes pour établir leur rûches, et ce rouleau est tout bonnement rempli de paille, de brins de bois sec, de bouse et de deux tisons de feu. C'est, à ne pas en douter, le satyre ou le djinn de quelque antre sauvage qui a dressé ce fourneau champêtre pour préparer son dîner. Le tout est soigneusement entouré de broussailles sèches afin que le fourneau ne manque pas de combustibles. Dans le court espace d'une heure, M. Chauvet, employé de la Société Martineau des Chenetz, et les gens qui l'accompagnaient, ont retrouvé une dixaine de rouleaux de même nature organisés de la même façon. Du voisinage où ces rouleaux ont été découverts est parti l'incendie qui, quelques jours avant, avait détruit 4,000 hectares de forêt à la Société Lucy et Falcon.

Nous n'avons jamais pu connaître l'inventeur ou les inventeurs de cette intelligente combinaison incendiaire chimique. Quels qu'ils soient, je crois pouvoir assurer que la *bienveillance* n'a été pour rien dans l'invention, et qu'il serait d'ailleurs très-facile de trouver ces Messieurs, si l'on voulait s'en donner la peine, et s'il est vrai de dire qu'à l'œuvre on connaît l'ouvrier.

Personnellement, dans le cours de l'année qui nous occupe, et pendant les incendies, j'ai constaté cinq feux principaux. Voici l'ordre dans lesquels ils se sont présentés, les heures auxquelles ils se sont déclarés et la température qui les accompagnait. Je laisse au lecteur le soin de tirer les conséquences.

1er feu, 17 août, de 4 heures 1/2 à 5 heures du soir, vent frais du nord-ouest. — 2e feu, dans la nuit du 18 au 19 avec brise du nord-est. — 3e feu, le 29 à 3 heures du matin avec brise fraîche de terre. — 4e feu, 8 heures du matin, vent chaud du sud. — 5e feu, le 4 septembre, 6 heures du soir, avec brise fraîche du nord-est.

Comme documents officiels voici des télégrammes qui ne peuvent laisser aucun doute :

« 17 août, 4 heures 40 minutes, un incendie s'est « déclaré derrière la montagne du Siafa.

« 17 août, 5 heures 30 minutes. Nouvel incendie « du côté de la nouvelle route de Jemmapes à Philip- « peville. Le feu a pris à 4 heures 1/2 à Raz-Mezira.

« 18 août, 3 heures. Le feu reparait à l'instant à « Raz-Mezira.

« 29 août. Incendies dans les Zerdezas, à 3 heures « du matin et à 11 heures.

« 4 septembre, 6 heures du soir. Nouvel incendie « au Filfila. »

1865. — Documents officiels. — Télégrammes.

« 24 août, 8 heures du soir. Une clarté intense est remarquée sur la mine Labaille, Djebel-Mékesem.

« 26 août, 10 heures du soir. Deux nouveaux incendies aux Ouled-Mania. Un autre dans la vallée de la Roïbïa. »

Après de semblables faits, il n'est plus permis de croire à une combustion spontanée des chênes-liége, sous l'influence d'une élévation exceptionnelle de température; et il n'est plus permis de dire : « La simultanéité du feu s'expliquerait......... comme pour ces canons chronométriques placés sous un même méridien et que le soleil de midi fait partir tous ensemble. » Quel rêve bellico-incendiaire!...

Un feu du 24 août a donné lieu à une véritable charge jouée par les Arabes et qui a failli coûter la vie à un employé dévoué, M. Marmin, garde général des forêts. J'étais spectateur et acteur. Le feu s'est déclaré vers 3 heures du matin dans la forêt de Kef-Sorah, en se manifestant par une petite colonne de fumée qui s'élevait droite vers le ciel; l'immobilité et la direction de cette colonne disait assez que le vieux Protée n'avait point encore ouvert ses outres. Le soleil ne dardait point encore ses rayons ardents et le simoun, ce brûlant enfant du désert, dormait encore dans ses plaines de sable.

« Le troupeau, me dit un Arabe revêtu d'une certaine autorité, reposait encore à l'étable ; l'étoile » paraissait à peine au Levant, quand ce feu de la » vengeance est venu m'épouvanter; mes ennemis l'ont » allumé pour me perdre. Donnes-moi un conseil; dis-

» moi ce que je dois faire (1). » Vas adresser ta plainte à l'autorité compétente, c'est tout ce que je puis te conseiller de plus sage. A ce conseil je joignis quelques observations assez justes et résultant des faits. Ces observations méritent de l'attention.

Plusieurs douars du plaignant sont établis à un kilomètre à peine du point où le feu a été mis. Les douars n'ont pas changé de place ; on peut donc vérifier sur les lieux, la vérité de ce que j'avance. Le feu a été aperçu, au plus tard, à quatre heures du matin par les gens de ces douars ; il ne fallait donc, au plus, qu'une demi-heure pour se rendre sur les lieux et étouffer le foyer d'un vaste incendie ; jusqu'à neuf heures du matin, le feu n'a ni augmenté ni diminué ; le temps était très calme et un enfant de dix ans aurait pu l'éteindre sans peine. A neuf heures et demie seulement, le vent a commencé à souffler de l'Est, le feu alors a commencé ses ravages qui n'ont pas duré moins de trois jours. — Pourquoi tes gens n'ont-ils été au feu que quand ce dernier ne pouvait plus être arrêté? Pourquoi avez-vous perdu un temps précieux depuis quatre heures du matin jusqu'à neuf heures et demie? « Il n'y a plus de commandement, les Arabes n'obéissent plus » (textuel), et ils deviennent malveillants, pouvons-nous ajouter sans crainte d'erreur. Ce n'est qu'à neuf heures et demie donc que les Arabes ont bien voulu se mettre en mouvement pour faire une vaine démonstration de zèle. Car, excepté au moment où il a fallu se montrer quand même, les Arabes, courant au feu alors qu'il n'en était plus temps, tous déployés en ligne de tirailleurs, montés sur leurs haridelles et armés de longues bran-

(1) Cet Arabe est le scheikh Mebrouk ben El Hadj. Il accuse ses ennemis, un caïd et deux indigènes, qui, pour faire mettre ce feu, se seraient servis des nommés Embarek ben Amara et El-Kesir ben Amara, que l'on aurait, pendant la nuit, en corrompant le gardien, fait sortir de la geôle du bureau arabe. Ce gardien était le nommé Aïssa ben Debêche.

ches vertes, ont passé la journée à suivre le feu dans sa course vagabonde, et à regarder ses belles voiles de flammes poussées par le vent d'Est et de Nord-Est et dévorant, en quelques heures, pour plus de 200,000 fr. de richesses forestières. On aurait dit une bande d'idolâtres, adorateurs du feu, célébrant la fête de leur dieu et le conduisant processionnellement en triomphe. L'employé français, déjà nommé, avait beau se démener, menacer, crier et donner l'exemple du travail et du courage, les Arabes, dans leur sagesse, prétendaient qu'il était *sorti de son esprit*, « Kharedj min Aklou » ce qui est synonyme de *maboul* ou fou.

Quelques jours se passent, et de nouveau, comme si j'étais dispensateur de bons conseils, notre plaignant revient me trouver, mais accompagné de trois témoins dont une femme, et d'un acolyte, le nommé Ali ben Ali. Malgré moi, et bien que je ne sois absolument rien dans ce bas monde, surtout depuis deux ans, il fallut tenir un lit de justice, et, en prévision d'un avenir riche d'incertitudes, entendre les témoins à charge. L'acolyte vint à son tour et dit : « Voici les renseignements que » j'ai recueillis :

» Le feu a été mis la nuit; on a vu partir les hommes » à cheval et on a reconnu les traces des chevaux non » ferrés, allant et revenant. Le feu a été mis avec une » chandelle plantée en terre, entourée de feuilles sè» ches jusqu'à une certaine hauteur et de broussailles » jusqu'à une certaine distance. Le tout était arrangé » pour donner aux incendiaires le temps de se reti» rer. »

Trois arrestations ont été, au moment de la première panique, le résultat du fait que je viens de narrer. Je croyais que les coupables gémissaient encore derrière les lourdes portes du cachot, lorsque j'en aperçois deux dont le nez pousse une pointe à la porte de mon bureau, pour ne pas dire de mon réduit. — Ah! vous voilà donc rendus à la liberté? — « Dieu nous a délivrés de l'injustice. » -- Ce n'est donc pas vous qui avez mis ce fameux feu? — « Pourquoi aurions-nous mis le feu?... *Vous vous laissez toujours tromper ; ce n'est pas nous que vous deviez arrêter, mais bien ceux qui nous accusent : vous autres Français, vous croyez tout savoir et, en réalité, vous ne savez pas distinguer cinq de seize.* Ma tarfou khamsa minn sestache (textuel). » Très-bien jugé, c'est bref, clair et pas cher : notre jurisprudence, pour le dernier point surtout, devrait prendre modèle. Quant à moi, j'éprouve les plus vifs regrets et je suis désolé de n'avoir pu offrir à ces messieurs, *interptètes, peut-être, d'une opinion générale chez eux,* deux chaises curules, dignes de leur savoir.

Au bout de trente-cinq ans de conquête, conduite avec toute la modération qu'inspire la religion du Christ ; après trente-cinq ans de relations et de bienfaits, voilà encore comme on nous traite et comme on nous juge. Il faut avouer que c'est peu encourageant pour les amis de l'assimilation des races, et peu flatteur pour notre influence acquise dont nous paraissons faire tant de cas.

Faisons des vœux pour que l'avenir prouve à ces messieurs, que nous savons beaucoup quand nous voulons nous en donner la peine: ce ne serait pas trop tôt.

En attendant, nous sommes en présence d'une situation qui paraît difficile et fort embarrassante ; en effet, nous sommes en présence de deux affirmations et d'une négation, ou devant deux partis dont l'un accuse, et l'autre nie en accusant à son tour son propre accusateur. Qui croire et que déduire de tout cela?...

« Thémis n'avait pônt travaillé,
« . . . . . . à fait plus embrouillé.

Si le prononcé du jugement m'était dévolu, j'ajourais volontiers, et avec raison :

« . . . Je vous connais de longtemps, mes amis,
« Et tous deux vous paierez l'amende. »

(LA FONTAINE.)

Il n'y a pas de fumée sans feu, dit un vieil adage, et pas de feu sans auteur, pouvons-nous ajouter sans crainte. Nos deux partis, dans leurs accusations réciproques, peuvent également avoir raison, car le même jour, le feu promenait également sa flamme, avec le même acharnement et la même haine, dans les deux camps, à vingt kilomètres l'un de l'autre. Pour ceux qui connaissent tout ce que nourrissent de fiel et d'indignes passions ces deux partis, il n'y aurait rien d'extraordinaire à ce double feu de la vengeance. Cette façon de faire la guerre a dû leur sourire : les frais en avaient été prévus par les budgets des sociétés forestières, et quant aux représailles que l'on pouvait exercer contre les prisonniers pris en flagrant délit, le passé pouvait les rassurer. En effet, depuis les incendies de 1860 jusqu'à ceux de 1865, un seul Arabe a été condamné à cinq ans de réclusion. Après un exemple aussi terrible, après une peine aussi sévère, si je ne craignais pas le ridicule, je dirais que nous sommes tous réellement étonnés de trouver encore autant d'audace chez les incendiaires. Aussi nous regrettons que ce misérable ne soit pas tombé sous la plume de l'auteur des *Misérables ;* en présence d'un châtiment aussi barbare, infligé pour si peu de chose, incendie volontaire avec préméditation, par exemple, l'illustre écrivain nous aurait tous envoyés à la corde, pour ne pas nous condamner à mort.

Pauvres sociétés forestières de l'Algérie, nous vous plaignons du fond du cœur. Mais, que voulez-vous, jadis la vengeance fut le plaisir des Dieux, aujourd'hui c'est le plaisir des peuples guerriers et intelligents; c'est le plaisir des Arabes; ils ont reconnu qu'ils n'avaient rien à gagner le fusil à la main et la valeur franche dans le cœur. Que ne saviez-vous cela plus tôt? Nous sommes étonnés qu'on ne vous l'ait point appris alors qu'on vous faisait crier, par certaines feuilles serviles, que vous n'aviez rien fait pour défendre contre les incendies les centaines de mille francs que vous avez dépensés dans les forêts de l'Etat. Libres et riches, prenez-en à votre aise : c'est si naturel de débourser ses capitaux et de ne rien faire pour en assurer la rentrée.

Pendant que je confiais au papier les réflexions qui précèdent, trois Arabes s'installent près de moi, et, en attendant que je sois disposé à les écouter, ils causent entre eux à demi-voix, ne s'inquiétant nullemeent de ma présence et ne se doutant pas que je suis leur conversation, qui, providentiellement, semble être venue ici prendre sa place pour jeter une nouvelle clarté sur les incendies par malveillance, et pour donner un dernier démenti à toutes les inventions mensongères.

Cette conversation est d'autant plus puissante pour les faits qui nous occupent, qu'elle s'est présentée d'elle-même, sans aucune provocation ni pour ni contre les incendies. Elle est venue naturellement, comme tout ce qui est l'expression de la réalité, et à ce point de vue, quoique n'étant que le résumé de faits isolés, elle peut être considérée comme le narré spontané de la vérité générale pour tout ce qui concerne les incendies de 1865.

Je laisse les Arabes parler eux-mêmes :

Ahmed El Sobhi. — « Les acheba auront de la belle herbe cette année ; le feu a travaillé pour eux. »

Meberouk ben El Hadj. — « J'en prends Dieu à témoin, si j'étais hakem, leurs troupeaux n'en goûteraient pas, ou les auteurs des incendies en paieraient mille fois la valeur ; mais les Français ne veulent rien leur faire, et cependant ils sont visibles comme le soleil. »

(Le temps est très-beau, et le soleil brille de tout son éclat.)

Ahmed El Sobhi. — « Pourquoi parles-tu ainsi ? Il ne faut pas dire cela. »

Lokheïli ben Amara. — « *Pourquoi ne dirait-il pas la vérité?* Est-ce que nous ne savons pas que ce sont les Ouled-Mohamed qui ont mis le feu à Raz-Elma et à la mine (mine Labaille, près Jemmapes)?

« *Rabbi houa elli foukhoum min id el-hokèm.*» C'est Dieu qui les a préservés (mot à mot : *enlevés)* de la main des autorités. »

Voilà une réflexion qui, à elle seule, renferme plus de certitudes et parle plus haut que tous les faits cités et à citer encore. Incrédules, si l'amour de la vérité n'est pas éteint chez vous, si vous pensez encore, recueillez-vous et méditez bien ces paroles prononcées par un Arabe parlant des incendiaires arabes :

« *C'est Dieu qui les a enlevés* (SOUSTRAITS) *à la main des autorités.* »

A-t-on compris tout ce qu'il y a de sens caché dans ces quelques mots?... Voici leur paraphrase :

« *Faire du mal aux chrétiens est une œuvre méritoire devant Dieu ; nous sommes bien les auteurs des incendies, mais Dieu ne permet pas que les infidèles puissent nous en châtier parce que, en leur faisant du mal, nous lui rendons hommage.* »

Législateurs, qui que vous soyez, ne laissez pas le vent emporter cette leçon, si vous voulez faire quelque chose de l'Algérie.

Il y a trois ans, les principaux habitants du douar d'El-Filali-ben-Ahmed, me demandaient d'intercéder pour eux auprès de M. Peyret, représentant de la société Lucy, et de leur obtenir de ce dernier l'autorisation de faire paître leurs troupeaux dans une forêt qu'ils nous désignaient. Les réglements, fis-je observer aux solliciteurs, s'opposent à ces sortes d'autorisations, parceque le bétail, en parcourant la forêt, détruit les jeunes sujets. A cette observation, les indigènes répondirent comme il suit : « Il vaut mieux que M. Peyret

» sacrifie quelques jeunes arbres *que de laisser toute* » *sa forêt exposée aux ravages du feu ;* nous ne pou- » vons certainement pas donner une garantie absolue, » Dieu seul sait tout ce qui doit arriver, mais si on » nous accorde ce que nous demandons, *nous croyons* » *pouvoir assurer qu'il n'y aura jamais d'incendie* dans » les forêts qui nous avoisinent : nous ferons tout » pour cela. » L'autorisation demandée a été accordée et il n'y a pas encore eu de feu dans la forêt qui en a été l'objet.

Administrateurs de l'Algérie, voilà des enseignements dont vous pouvez profiter, si vous avez de vos administrés quelque souci.

Un indigène a dit à un de mes amis, M. Basso, pharmacien : « Tant que la broussaille seule brûle et » les forêts, il ne faut pas vous plaindre ; attendez que » l'on mette le feu à vos maisons. Cela peut arriver, » la nuit surtout, et vous ne pourriez rien faire, car » vous ne sauriez même pas à qui vous en prendre. »

Un cadi, parlant d'incendie, me dit :

» Si les caïds, les cheikhs et les oukafs étaient mis » en demeure de livrer les coupables, il n'y aurait pas » autant d'incendies. »

Le nommé Ali ben Lamri, homme de sens et de probité reconnue, chez tous les indigènes ; ancien Cheikh, qui n'a pas craint de sacrifier sa place au dévouement et à l'amour de la vérité, me disait : « Si » vous ne faites pas punir les incendiaires ; si vous » ne faites pas un exemple sévère, on mettra bientôt » le feu dans vos propres demeures ; nous-mêmes, » nous souffrons de cette situation. »

Que ces citations, expression exacte de la vérité, éclairent donc l'autorité et l'opinion publique sur des faits de la plus haute gravité, et qui, suivant qu'ils seront acceptés ou rejetés, peuvent assurer ou détruire la prospérité de notre colonie, la plus belle et la plus riche de l'Europe.

Je suis de ceux qui n'aiment pas à voir infliger des châtiments, et c'est surtout pour que des dispositions sérieuses conjurent des malheurs et des peines à venir que je dis tout ce que je sais, tout ce que je pense, tout ce que l'on m'a dit et tout ce que j'ai entendu et vu.

Espérons que l'on arrivera à la source du mal, que l'autorité sera éclairée, malgré ceux qui voudraient perpétuer l'erreur, et que les Européens, comme les indigènes, n'auront plus à gémir de tant d'amères déceptions forgées et perpétuées par l'ignorance ou par des motifs, si peu louables, qu'il me répugne de les énumérer.

Dans un travail tout récent sur une nouvelle réorganisation de l'Algérie, j'ai lu : « Il faut que la plus grande » attention soit apportée dans le choix des chefs » de..... etc. »

Cette attention doit être apportée dans le choix de tous les hommes qui peuvent être revêtus de fonctions publiques, et il est à souhaiter qu'elle soit apportée surtout dans le choix des hommes qui seront appelés à faire les enquêtes sur les incendies. Que d'enquêtes, hélas! en Algérie, ont été mal conduites et ont eu pour résultat l'erreur au lieu de la vérité ; que d'enquêtes, en Algérie, ont servi de marchepied à quelques ambitieux qui, pour satisfaire leurs passions désordonnées des honneurs, n'ont pas rougi de sacrifier même l'innocence ! Que de fois n'avons-nous pas entendu crier : haro, alors que l'herbe d'autrui n'avait même pas été foulée, et oublier de graves méfaits!... Les missions délicates qui mettent l'homme à la merci de son semblable ne doivent être confiées qu'à la sagesse et à l'expérience. Malheur à ceux qui tomberaient au pouvoir d'un homme inexpérimenté et sans cœur : c'est un tyran pour l'individualité, un fléau pour la société.

Le mot enquête est tombé de ma plume, que l'on me permette donc de m'y arrêter un instant.

L'amour de la vérité, la répression des fautes commises, tels doivent être les mobiles louables qui ont inspiré et conduit de la théorie jusqu'à la mise en pratique, l'idée d'une enquête. Ces mêmes mobiles doivent être nos guides, pour le sujet qui nous occupe, en nous rappelant toutefois que nous sommes en présence de deux éléments fort différents, l'élément chrétien et l'élément musulman, et que tous nos efforts doivent tendre à confondre leurs intérêts et à les faire marcher et progresser sous la même bannière civilisatrice.

Sous l'impression de ces pensées, les enquêtes sur les incendies ne doivent pas, pour nous, se borner à rechercher simplement des coupables pour les livrer aux rigueurs de la justice : une haine de plus à entretenir, une vengeance de plus à assouvir, sont souvent la conséquence de la loi qui punit.

Elles ne doivent pas non plus, si on veut les faire sérieuses, se borner à la constatation des seuls faits matériels qui sont du domaine des sens, pour les signaler à l'autorité chargée alors de prendre des mesures efficaces pour en éviter le retour. Les faits ainsi constatés seront aux incendies ce que le phénomène est à sa cause, ce que la forme écrite ou parlée est à la pensée ; ce sera la reconnaissance de la manifestation extérieure, et, si nous nous bornons à l'étudier seule, nous nous exposons à faire fausse route, nous nous exposons à détruire seulement *une forme*, celle que nous aurions pu saisir, quant à la pensée qui l'aura produite nous n'y aurons pas touché ; elle existera donc toujours et comme la pensée est féconde en ressources, elle se reproduira sous des formes toujours nouvelles.

Arrivés au terme d'un travail de la plus haute importance, conduit, sans aucun doute, avec beaucoup de savoir, quels seront les résultats si nous nous sommes bornés à frapper des coupables par la simple constatation des faits extérieurs?... Nous aurons touché la partie superficielle de la situation et lâché la proie pour l'ombre ; nous aurons laissé subsister la source du mal, les causes morales, et avec elles des haines et des vengeances nouvelles qui ne manqueront pas de se manifester au premier moment favorable.

Veut-on faire un travail productif et riche en bonnes conséquences et pour le présent et pour l'avenir?... Veut-on obtenir des résultats positifs et féconds!.. Que la recherche des faits matériels marche de front avec l'étude approfondie des causes morales; que l'on interroge la pensée des individus, que l'on interroge la pensée des masses et que l'on examine bien ce qu'il nous reste à faire dans le domaine moral et intellectuel, pour que les masses indigènes acceptent sincèrement notre domination et notre civilisation. Cette étude profonde est devenue indispensable, ne serait-ce que pour réduire au silence tous ces prétendus arabophiles qui, depuis trente-cinq ans, ont toujours égaré l'opinion sur les véritables intérêts de la population arabe de l'Algérie.

Les enquêtes sur les incendies devraient contribuer pour leur part à la mise en pratique de ces paroles du chef de l'État : « Les Arabes contenus et éclairés « sur nos intentions bienveillantes, ne pourront plus « troubler la tranquillité du pays..... »

Faisons des vœux pour la réalisation de ces paroles, réalisation à laquelle nous avons la ferme confiance d'arriver avec la patience, le courage et l'étude approfondie des obstacles qui peuvent encore nous entraver.

A cet effet, les commissions d'enquêtes devront procéder dans toutes leurs recherches, sans violences et sans contrainte aucune. La modération est nécessaire pour laisser aux indigènes toute leur liberté d'action et de parole : les hommes réellement intelligents savent arriver à la vérité sans employer la force brûtale. Les menaces et leur mise à exécution serait une aberration profonde qui conduirait souvent à l'injustice : cela s'est vu trop souvent et il est inutile de le voir encore. Il faut de la force morale, avant tout, dans la situation où nous sommes, nous rappelant ces paroles de Salluste écrivant sur l'Afrique : « *Sed dux atque imperator vitæ mortalium animus est.* »

« L'âme est le guide et la souveraine de la vie. »

Je ne veux certainement pas dire par là que l'on fasse grâce aux coupables, mais bien qu'on les recherche par les voies légales, et quand ils auront été retrouvés, que le châtiment soit prompt et sévère.

Si après avoir usé de la force morale, si après avoir donné toutes les preuves de certitude pour ne laisser aucun doute sur nos intentions bienveillantes, l'Arabe reste sourd encore à notre appel généreux, qu'on lui fasse sentir alors, sans restriction aucune et par la voie de la force, que nous sommes les maîtres, que nous avons été joués assez longtemps et que nous voulons enfin être respectés et obéis. On ne doit pas craindre de s'imposer en vainqueur quand on est soldat de la civilisation et du progrès; on ne doit pas craindre de s'imposer en vainqueur quand on vient *arborer le symbole de la paix et de la charité,* au milieu d'un peuple fanatique qui s'est toujours imposé et qui s'imposera, chaque fois qu'il sera le plus fort, par la force brutale, en laissant au vaincu, comme dernier espoir de vie, le choix barbare entre le Coran ou la hache du bourreau..

Nous avons oublié trop vite qu'Alger, la guerrière inhumaine, a été longtemps la terreur des peuples civilisés et le repaire de pirates cruels qui traquaient les chrétiens, comme les chrétiens traquent les bêtes fauves. Nous avons oublié trop tôt que ses maisons blanches, à l'intérieur élégant, que ses villa somptueuses, que ses forts, ses remparts et ses mosquées *où chaque jour encore on demande notre ruine,* ont été élevés par les gémissements des chrétiens qui, trop faibles pour braver la mort, s'humiliaient devant le croissant et recevaient pour récompense les rudes travaux de l'esclavage.

Des quelques mots que ma pensée m'a inspirés, sur les enquêtes, il résulte que nous devons sonder les cœurs et interroger la pensée arabe pour arriver à la connaissance : 1° des causes vraies d'incendies ; 2° de tous les coupables ; 3° des dispositions à prendre, repressives ou préventives, tant au point de vue physique qu'au point de vue moral.

Guidé par ces observations, que je crois basées sur un sentiment de justice, je continue ma course, pour quelques instants encore, à la suite des incendies par malveillance, pour attaquer ensuite les autres, qui seront une nouvelle preuve en faveur de celles-ci.

En dehors des objections ridicules que j'ai pu rencontrer, chemin faisant, il s'en est présenté quelques-unes de sérieuses, en apparence, et qui méritent, par conséquent, quelque considération. Des personnes connaissant parfaitement le pays et ses habitants, mais égarées peut-être par un sentiment de clémence contraire, dans cette circonstance, aux intérêts des masses, ont assuré que les Arabes ne mettaient pas le feu par malveillance, basant leur opinion : 1° sur ce que le feu n'était mis qu'à la broussaille, et qu'en somme, les Arabes ne cherchaient, par les incendies, que des parcours pour leurs troupeaux ; 2° sur l'empressement apporté, par les Arabes eux-mêmes, à éteindre les incendies, en rivalisant de zèle et de dévouement avec les Européens.

Il y a, dans ces deux objections, une contradiction frappante qui, pour leurs auteurs au moins, ne peut que les détruire complètement. En effet, comment peut-on concilier le désir de mettre le feu, pour se procurer des terres de parcours, et l'acte incendiaire sorti de ce désir, avec l'empressement apporté pour arrêter le feu ?.... De deux choses l'une, ou le feu n'a pas été mis par les Arabes, et alors leur empressement s'explique sans peine : le sentiment du devoir, que nous avons reconnu chez eux dans les incendies pa imprudence, les a fait marcher; ou le feu a été mis par eux, ainsi que cela est accepté par la première objection, et, dans ce cas, leur empressement est un contre-sens, ou une simple fiction de quelques esprits, ou mieux encore une comédie peut-être habilement jouée, et dont n'ont pas pu se rendre compte les hommes impartiaux qui n'ont vu les faits que de trop loin, bien qu'ils soient au milieu de nous.

Prétendre que les Arabes n'ont mis le feu, qu'à la broussaille, est une erreur matérielle impardonnable, quand on peut, en se rendant sur les lieux des désastres, se convaincre du contraire et s'assurer, par soi-même, que le feu n'a été mis, pour cette année au moins (1865), que dans les plus beaux massifs de chênes-liége, c'est-à-dire, partout où les Sociétés forestières avaient exécuté des travaux importants, et partout, par conséquent, où elles avaient pris le plus de dispositions préventives pour se défendre des attaques du feu.

Incrédules, venez donc voir, par vous-mêmes, si vous ne voulez pas nous croire; venez reconnaître, de vos yeux, les milliers de fourneaux incendiaires que nous avons retrouvés dans les concessions Lucy et Falcon, Martineau des Chenêts, Gaulthier de Glaubry, et tant d'autres. Depuis des années, trop nombreuses déjà, les agents du service forestier et les commissions forestières ont voulu délimiter définitivement le sol forestier. Ont-ils ou ont-elles réussi dans leurs travaux?.. Oui, on a réussi à ne rien faire de bon, ni pour l'Etat ni pour ses fermiers qui, aujourd'hui encore, ne connaissent pas leurs limites, ni enfin pour les indigènes qu'on a eu le talent d'ennuyer souverainement.

Ce n'est pas ainsi que l'on travaille, quand on a pour mission d'atteindre un but sacré, le bien général. Commissions forestières, vous avez méconnu votre mission; aussi, vous pouvez vous rassurer pour l'avenir, vos travaux, par trop coûteux, nous sont devenus inutiles; ce que vous n'avez pas su faire, pendant des années d'études, avec des plans et des rapports, la torche des incendiaires a su parfaitement le faire en quelques jours seulement : venez voir vos forêts auxquelles vous n'avez su ni pu donner de bornes certaines; venez, leur périmètre est actuellement parfaitement déterminé, non pas par les feux qui les ont contournées, mais bien par ceux qui les ont ravagées depuis leur centre *jusqu'à leurs pourtours extérieurs.* Pauvres commissions, vous avez fait un bien triste travail ; mais, il faut vous l'accorder, votre travail n'est point si triste encore que celui des incendiaires ; vous n'avez, en somme, détruit que des crayons, de l'encre, du papier et des plumes, et, sans y songer, vous avez favorisé l'industrie ; les incendiaires ont détruit des forêts inondées de richesses pour les particuliers et pour le trésor public, et, avec connaissance de cause, ils ont ruiné une industrie ; en voici de nouvelles preuves :

« Gastu, le 26 août 1865.

« . . . . *A 2 heures du matin*, le feu s'est déclaré « sur toute la partie de la montagne en face du village. « . . . . . A 3 heures du matin, j'ai écrit au com- « mandant des troupes de forcer la marche pour venir « à notre secours. . . . . A 2 heures de « l'après-midi, *les Arabes ont mis le feu dans nos jar- « dins,* plus bas que le moulin. »

Signé : GÉNISSON, maire de Gastu.

A la date du 23, le même maire écrivait : « A 2 « heures et à 2 heures et demie, le feu a été mis sur « la concession de M. le juge de paix et sur celle de « M. Vidalain. »

Un mois environ avant les incendies (je tiens le fait de M. le gérant de la Société Martineau), l'indigène Ahmed ben Tacha, ex-tirailleur, habitant à Mou-Larouq, caïdat de Senhadja, actuellement subdivision de de Bône, disait à des ouvriers de cette Société : « Tou- « tes les mesures que vous prenez, tout ce que vous « faites, ne vous préservera pas du feu; votre forêt « brûlera comme les autres. »

A la suite des incendies, un kabyle disait à un ingénieur en chef : « Nous savions depuis longtemps, en « Kabylie, que les forêts brûleraient. »

Pourquoi donc cette prescience?.... N'est-elle pas le plus éclatant témoignage, prouvant, jusqu'à l'évidence, que les incendies sont le fruit de la malveillance combinée?.....

Que certains douars (fractions de tribus) sondent leur conscience; qu'ils mettent la main sur le livre sacré et leur esprit devant Dieu et qu'ils prêtent témoignage en l'honneur de la vérité; oseront-ils prêter serment?.... oseront-ils jurer que, pendant les incendies qui viennent de nous jeter dans la consternation, ils ont rivalisé, comme on l'a prétendu, de zèle, d'empressement et de courage avec nos colons, nos industriels et nos braves soldats? oseront-ils protester seulement ou essayer de balbutier quelques mots pour faire croire à une fausse innocence? Non, ils ne diront rien, parce qu'ils savent que leur défense est injuste, parce qu'ils savent qu'ils ont obéi à de vils sentiments et qu'ils ont usé, à notre égard, surtout pendant les incendies de 1860 et de 1865, de perfidie et de duplicité, mots que je n'ai pas jetés sans raison déjà plus haut, pas plus que celui de comédie à propos d'empressement.

On me dira, peut-être, que l'on peut dire la vérité moins crûment, ou du moins, l'entourer de quelques formes pour la faire accepter sans murmure. Je regrette de ne pas partager cet avis, mais je n'ai pas pris la plume pour faire de la phraséologie, ni pour me donner des tons d'auteur. Je veux simplement narrer des faits, et je préfère, dans ce cas, dire nettement et

clairement ce qui est, que de laisser les gens dans le doute. Pour corriger un défaut, il faut le présenter sans voile à ceux qu'il tient sous ses chaînes, et le leur présenter alors qu'il est temps encore de les ramener de l'égarement dans lequel on les a poussés. Je préfère dire de suite, à la partie de la population indigène qui m'occupe, qu'elle s'est mal conduite, que de la flatter mensongèrement. Qu'elle y prenne garde; si jamais le vent, qui lui est aujourd'hui favorable, tourne contre elle, ses prétendus amis mettront bien moins de forme à l'abandonner que je n'en mets à lui dire sa vérité, que je n'en mets à lui dire qu'elle a été perfide et qu'elle a joué une indigne comédie, *alors qu'elle laissait des ordres incendiaires dans ses douars, même aux enfants, et qu'elle se transportait sur des points déjà incendiés, faire parade d'un faux zèle;* qu'elle a joué une indigne comédie, *alors qu'éteignant un feu, elle en faisait mettre cinquante pour le remplacer.* Un cheikh, le nommé Saïd ben...., a été révoqué de ses fonctions, pour des faits de cette nature. Un Français aurait senti toutes les rigueurs de la loi, mais un Arabe, on le révoque simplement........................
.... Je puis citer ici, à l'appui des faits, une autorité recommandable, un officier supérieur en retraite, ancien chef de bureau arabe et plus tard commandant supérieur de Guelma; venez donc lui demander ce qu'il pense du zèle de vos Arabes et de leur empressement à éteindre les incendies.

Comment expliquer autrement que par les faits qui précèdent, l'incendie de forêts parfaitement aménagées, soit par des tranchées larges et nombreuses, soit par des débroussaillements nombreux et réguliers? A quoi ont servi ces travaux préventifs? A prouver, une fois de plus, la rage et la malveillance des incendiaires qui ont multiplié leurs fourneaux incendiaires, en raison des obstacles que présentaient, au feu, ces travaux préventifs.

Le soin d'établir ces fourneaux, le soin de faire mettre des feux sur des points divers, tout en allant faire parade d'un faux zèle, voilà les deux derniers faits que je citerai en faveur des incendies par malveillance; eux seuls peuvent expliquer la destruction, en trois jours, de 30,000 hectares de forêts, dont 16,000 d'un seul tenant et 24,000 séparés, entre eux, par des terres de labours. Il est impossible que de si grandes étendues soient la proie des flammes, en si peu de temps, si le feu n'a pas été mis à dessein et avec persistance, et s'il n'est pas le résultat d'un mot d'ordre, ou tout au moins d'une entente générale pour chaque localité.

En 1863, tous les feux ont été arrêtés, pour ce qui nous concerne, à leur point de départ, parce qu'ils étaient le fait de la malveillance individuelle, de quelques individus agissant isolément. Un seul avait pris une certaine importance et, pendant cinq jours, il a menacé de destruction, non-seulement toutes les forêts brûlées cette année (1865), mais les centres de Jemmapes, de Sidi-Nasar et d'Ahmed-ben-Ali. Dans sa plus grande longueur, ce feu n'a pas tenu moins de 6 kilomètres et a dévoré 4,000 hectares de forêts. Eh! bien, malgré le vent brûlant du Sud, malgré la violence des flammes, les Arabes, au nombre de 400, aidés par 100 zouaves, ont fini par circonscrire le feu et s'en rendre maîtres.

Pourquoi donc, en 1860 et en 1865, n'ont-ils pas tenu la même conduite qu'en 1863?

Parce que, en 1860 et en 1865, le feu était le fait des masses et non des individus isolés.

Pourquoi, en 1860 et en 1865, n'ont-ils pas tenu la même conduite qu'en 1861, 1862 et 1864?

Parce que, dans le cours de ces dernières années, on ne mettait pas les feux par cinquantaine, pendant que l'on faisait semblant d'en éteindre un.

Que l'on se garde donc de nous dire que les forêts ont été brûlées parce que les sociétés forestières ne les ont pas débroussaillées. C'est une grave erreur qui ressort de tout ce qui précède. Le débroussaillement sera certainement une grande garantie contre les incendies, mais cette garantie n'a rien d'absolu. Là, d'ailleurs, n'est pas la question aujourd'hui. Il s'agit de savoir comment le feu a pris et *de l'attaquer à son point de départ et dans ses causes premières,* et non dans les éléments de combustion qu'il a pu trouver sur sa route. Si les forêts de chênes-liége ont été brûlées parce qu'il y a de la broussaille, la broussaille, sans aucun doute, n'a pu brûler que parce qu'elle s'est trouvée en contact avec le feu. Qui a provoqué ce contact?

Les Arabes eux-mêmes, mieux que les chimistes, vous l'ont appris; leurs propres aveux parlent assez haut pour que le doute ne soit plus permis, ou qu'il soit, au moins, justement flétri partout où on le rencontrera.

Pour compléter ma pensée sur les incendies par malveillance, il conviendrait peut-être de demander son mot, à la science, sur les incendies spontanés; car, tout ce que j'ai dit jusqu'à présent repose simplement sur des témoignages irrécusables, sur des faits incontestables et sur des observations consciencieuses; mais ces témoignages, ces faits et ces observations ne font point partie du répertoire scientifique de M. le rapporteur du 3e bureau à la session du Conseil général de Constantine, pour 1865, et sont complètement étrangers au savoir du digne journal la *Presse*, du 19 ocbre de la même année.

Cette lacune scientifique, de mon travail, a été savamment comblée par M. Henri Gaultier de Claubry, membre de l'Académie impériale de médecine (Voir le journal l'*Indépendant*, du 8 décembre 1865). En présence de cette réfutation savante, je m'abstiendrais, volontiers, de revenir sur ce sujet, si, en fait d'incrédulité, grâce aux erreurs de certains de mes semblables, je n'étais de beaucoup supérieur à Saint-Thomas lui-même; car, je ne puis plus me contenter de voir et de toucher; pour donner ma foi, aujourd'hui, il faut que je sois sous l'impression immédiate d'une sensation produisant une douleur matérielle bien sentie. C'est vous dire que je ne suis pas stoïcien, et combien je suis matérialiste en fait de certitude, *humaine*, bien entendu. En dehors du domaine matériel, je courbe le front et j'adore humblement.

J'ai donc voulu me convaincre par expérience personnelle, en faisant de la science pratique à la portée de tout le monde, et à la mienne surtout. Voici mon expérience.

J'ai pris une branche de chêne-liége ayant 1^m de long et 0^m72 centimètres de circonférence, le liége compris; dans l'angle droit formé par la rencontre de deux murs perpendiculaires l'un à l'autre, en langage clair, dans le coin d'un mur, j'ai établi un véritable feu de bivouac, des plus ardents, ayant 1^m50 de front. En présence de ce feu, alimenté par 1^m cube de bois très-sec, j'ai placé, à 0^m50, ma branche de chêne-liége; en vain, j'essayais de tenir, ma main droite, à la même distance du foyer; la sensation douloureuse fit faire, à mon bras, un mouvement en arrière très-rapide, me donnant la certitude que le feu brûlait;— à la place de ma main, je mis un poulet à la broche; au bout de 11 minutes, montre à la main, mon poulet était presque réduit en charbon et la branche de liége restait intacte. Au bout de 70 minutes d'expérience, et après avoir rapproché la branche à 0^m20 du foyer, le liége commençait à se noircir, mais sans produire la moindre flamme; les matières grasses et suberines se moquaient de moi : de dépit, je jetais la branche au feu qui, malgré sa violence, n'a pas pu la consumer entièrement.

Si jamais je puis obtenir un titre quelconque dans le domaine de la botanique, je demanderai, pour cette science, la création d'une famille nouvelle que j'appellerai, pour être agréable à la *Presse* et à M. le rapporteur, la famille des durs à cuire.

III

Incendies causés par le voisinage des bêtes fauves et par le besoin d'étendre les terres de parcours.

Les antagonistes les plus acharnés des incendies par la main arabe, ces adorateurs fanatiques d'un peuple déchu qu'ils ne savent par quel bout prendre pour le relever, ont bien voulu admettre que la population arabe indigène, manquant de terres de parcours et inquiétée parfois par le voisinage des bêtes fauves, mettait des feux pour détruire les grosses broussailles et les repaires des lions et des panthères, puissances d'autant plus redoutables, qu'elles vivent tout à la fois de liberté et d'absolutisme.

Je ne crois donc pas devoir m'étendre beaucoup sur ces deux causes d'incendie, parce qu'il est inutile de chercher à établir des faits reconnus par tous; il me suffira, pour accomplir ma tâche, de rechercher comment ces faits se sont produits et devraient se reproduire encore.

Il est de notoriété publique que les Arabes, de temps immémorial, profitent souvent du moment des fortes chaleurs pour livrer au feu les broussailles devenues trop touffues qui finissent par arrêter la circulation des troupeaux et offrir, aux animaux sauvages, des retraites trop assurées contre les poursuites de l'homme. Cette situation s'est produite sur toute l'étendue du littoral de la Barbarie, en pays arabe comme en pays kabyle. Personnellement, j'ai été témoin de beaucoup d'incendies de cette nature et jai reconnu, *sans exception aucune*, que ces sortes d'incendies ne s'attachaient jamais *qu'à la destruction des grosses broussailles*, et que bien rarement, pour ne pas dire jamais, ils s'étendaient aux parties *réellement forestières*.

Si antérieurement à l'établissement des Sociétés forestières en Algérie, si antérieurement à notre conquête même, les Arabes avaient, par une habitude quelconque ou par des besoins vrais ou faux, mis le feu aux forêts comme ils le mettent depuis quelques années, il est évident, pour tout homme qui voudra être sincère, que nous aurions trouvé les forêts à peu près détruites et que les Sociétés forestières n'auraient pas trouvé tant de richesses à glaner, tant d'espérances encourageantes réduites, grâce à des insouciances coupables, à de cruelles déceptions : *Vingt ans ne suffiront qu'avec peine* pour réparer les ravages du feu de 1865. — Que seraient devenus les forêts de l'Algérie, réfléchissez-y lecteur, si l'origine des incendies ne remontant qu'à cinquante ans seulement, le feu se fut manifesté, par périodes de deux et trois ans, comme en 1860, 1863 et 1865? — Qui peut objecter, en présence de pareilles observations, la combustion spontanée?...

Tout homme qui voudra étudier de bonne foi; tout homme qui viendra avec une conscience impartiale demander, aux événements passés et présents, la situation véritable des incendies, sera obligé de reconnaître que ces derniers n'ont *réellement attaqué le sol forestier* qu'en temps de guerre peut-être, à titre de représailles, et alors surtout que la population arabe s'est aperçue que nous pouvions tirer parti de ce sol, *et que ses chefs indigènes tant politiques que religieux* ont compris que l'industrie forestière appellerait nos industriels à s'implanter au milieu des tribus. Nous leur portons ombrage, à ces messieurs, parce que leur peuple tend à se rapprocher de nous et qu'en se rapprochant, ses yeux s'ouvrent à la lumière. Ce que j'avance ici est aussi vrai aujourd'hui qu'il y a vingt ans, qu'il y a trente-six ans.

En effet, l'Arabe comme le Kabyle professe, je dirai comme par instinct, une certaine vénération pour tout ce qui est forêt. Ses bois de construction, il va les chercher le long des cours d'eau, en ayant soin encore de ne pas toucher aux parties de ces cours d'eau, où la végétation plus forte a produit des bouquets d'arbres. Ami du merveilleux, superstitieux, ignorant, fanatique outré, subissant peut-être l'influence d'une pensée conservatrice, la forêt, avec ses ombrages sombres, son silence profond et parfois ses longs murmures de tempêtes, se présente à lui entourée de mystères religieux; c'est un bois sacré dont il a la jouissance, mais auquel il n'ose toucher ni pour sa prospérité ni pour sa ruine; il laisse au temps seul le soin de sa conservation ou de sa destruction. Ce fait ressort de la façon la plus éclatante en Kabylie; partout ailleurs il est facile à saisir, car, s'il n'existait pas, nous n'aurions pas trouvé, comme je l'ai dit déjà, tant de forêts en Algérie. L'Arabe, nous ne devons pas l'oublier, est essentiellement destructeur, et, quand il est mû par ce mobile, il fait tout avec exagération. — Or, il est à reconnaître, dans les pays boisés bien entendu, que même pour se procurer des terres de culture, l'Arabe ne touche pas au sol réellement forestier; il attaque, pour cela, comme pour les pacages, la grosse broussaille seulement, et quant à ce qui est *forêt vraie*, il la respecte ou l'a respectée du moins jusqu'aux jours que j'ai indiqués plus haut. Depuis, le sol, foulé par l'infidèle, a été profané, et le bois, atteint par la hache de nos intrépides bûcherons, a été souillé : le feu purifiant tout, il faut tout livrer aux flammes. C'est cette pensée , sans doute, qui a été le mobile de ce peuple que nous appelons à partager nos droits de citoyens français.

Quittant le domaine du sentiment religieux et descendant sur le terrain purement spéculatif, il sera encore facile de comprendre et de reconnaîtrc que les Arabes, à une époque antérieure à celle qui nous occupe, n'avaient aucun intérêt à brûler les forêts. La broussaille incendiée donnait des parcours très-vastes, et la forêt fournissait son ombre pour abriter les troupeaux contre les chaleurs excessives; la broussaille incendiée donne de gras pâturages, et la forêt vraie, à cause de son ombre précisément, ne donne que des pâturages maigres et médiocres, de longues herbes sans force nutritive.

Hommes compétents qui pouvez quelque chose pour les destinées de l'Algérie, ne méprisez pas les réflexions qui précèdent, elles sont plus graves qu'on ne le pensè peut-être. Vous y trouverez des vérités qui peuvent aider à l'explication des souffrances et des tiraillements du passé et du présent, et à trouver le remède pour l'avenir. N'oubliez pas que les forêts, *bien comprises*, sont une richesse et pour l'Algérie et pour l'État; que les intérêts de ce dernier sont les mêmes que ceux des concessionnaires qui ne sont, en réalité, que ses fermiers poür 90 ans. N'oubliez pas que les véritables intérêts des Européens comme des Indigènes réclament la conservation des forêts, et n'oubliez pas surtout que ce sont ces mêmes indigènes qui y mettent le feu par malveillance, suite d'un triste égarement que nous ne saurions réprimer trop tôt.

L'autorité militaire avait parfaitement reconnu cette dernière vérité ; elle en avait si bien saisi la pensée, [illegible] du jour où elle s'en est aperçue, elle a réprimé sévèrement, soit par de fortes amendes, soit par de fortes peines correctionnelles, ce nouvel esprit de vandalisme, ce nouveau système de guerre, qui se manifestaient au milieu des populations confiées à ses soins et soumises à son autorité. Grâces à ces mesures énergiques, il faut le reconnaître, nous avons eu quelques années de calme que 1860 nous a fait oublier en quelques heures.

Faut-il croire que cela a tenu à un changement d'autorité?... Au passage du régime militaire au régime civil?... Les Arabes plus observateurs, qu'on ne le pense, de nos institutions et de nos pouvoirs ont-ils voulu, en 1860, compter avec l'autorité civile et mesurer ce qu'ils pouvaient attendre d'elle comme intelligence des affaires, comme douceur administrative ou comme rigueurs judiciaires?... Bien que nous ayons eu dans l'ordre civil, des administrateurs parvenus de faveur, sans instruction solide, sans expérience ni française ni arabe, toutes les suppositions qui précèdent sont détruites par ce qui vient de se passer en 1865 : le pouvoir était rendu à l'autorité militaire.

Ce qu'il y a de vrai dans tout cela, c'est le fond des cœurs qui est resté mauvais parceque nous n'avons pas su comprendre encore la population indigène, et ce fond nous jette le venin qu'il nourrit, toutes les fois que l'occasion lui en est offerte. En 1860 il est provoqué par le changement du militaire au civil; en 1865 par le changement du civil au militaire, avec cette différence, qu'en 1860 on n'a pas cru à une disgrâce de l'autorité militaire, et qu'en 1865 les Arabes ont cru, avec raison peut-être, non seulement à la disgrâce mais encore à l'anéantissement de l'élément civil tant administrateur que colonisateur. En 1863, enfin, le venin a été provoqué par une mesure humanitaire digne de la haute et impartiale justice de la France, par l'application du *sénatus-consulte* sur la constitution de la propriété indigène : c'est bien dur et bien cruel, mais malheureusement c'est vrai. Voici qui est bien plus cruel encore à propos de ce même sénatus-consulte, je répète mot à mot ce que j'ai entendu : « Dieu « est le plus grand; il a entendu la prière des croyants « et sa justice les délivrera bientôt du joug des infi- « dèles. On dit que le sultan des croyants a donné

« l'ordre au sultan des Français de nous rendre nos « terres. »

Le sultan des croyants (des musulmans), c'est l'Empereur de Constantinople dont toutes les nations européennes, aujourd'hui encore, sont tributaires aux dires des Arabes.

Voilà comment a été comprise la pensée de libérale justice du chef de la plus généreuse des nations. Pourquoi donc réussissons-nous si mal à faire le bien? Pourquoi donc les Arabes interprètent-ils si mal nos intentions? Parceque nous avons oublié qu'il fallait apprivoiser la bête fauve avant de lui rendre sa liberté ; parceque nous avons négligé les choses les plus rudimentaires, à savoir : qu'il en est des peuples arriérés ou en décadence, comme des enfants, il faut que l'enseignement à leur donner soit à la portée de leur intelligence ; parce que nous avons oublié ce grand principe du bon sens qui nous dit, que nos affaires sont toujours mieux traitées par nous-mêmes que par des tiers, et que, partant de cet oubli, nous avons laissé subsister, entre nous et le peuple arabe, cet intermédiaire fâcheux de chefs indigènes, politiques et religieux, qui nous montrent toujours comme des conquérants avides et barbares, comme des infidèles, instruments d'une punition divine, mais qui, quand l'heure de la délivrance aura sonné, tomberont sous les coups des vrais croyants :

« ..... Leurs yeux sont couverts d'un bandeau, et le « châtiment cruel les attend. » (Coran.)

Nous lisons dans le même livre, chapitre II, *la Vache*, verset 187, « Tuez-les partout où vous les » trouverez, et chassez-les d'où ils vous auront chassés.
» ....
» ....
» (verset 189), jusqu'à ce que tout culte soit celui du » Dieu unique. »

Voici sur ces passages du Coran, les observations pleines de sens et de vérité de M. Kasimirski : « Ces » mots laissent une telle latitude, qu'il n'est pas éton- » nant que l'islamisme se soit toujours cru *libre de* » *tout engagement* envers les peuples d'une autre reli- » gion, lorsque ses forces ou les circonstances favo- » rables lui ont permis de ressaisir les pays échappés » à sa domination. » Nous pouvons ajouter : même les pays qui n'ont jamais été sous sa domination, et cela de la façon la plus cruelle.

Je laisse à penser l'effet que doivent produire de tels préceptes religieux, chez un peuple ignorant et fanatique, alors que ces préceptes sont encore commentés et exagérés par des marabouts et des chefs qui nous sont hostiles au fond, non-seulement par principe, mais encore par intérêt.

L'enfant est au milieu de la société qui l'entoure, pour celui qui veut étudier, ce qu'est une pierre précieuse au milieu de cailloux. Celle-ci brille par l'éclat de sa pureté, celui-là par sa naïveté enfantine. L'un et l'autre, au moindre contact pur ou impur, se souillent ou se purifient davantage, et deviennent ainsi l'expression exacte de ce contact. Législateurs, venez passer un instant sous la tente ou le gourbi arabe ; venez vous instruire à la source même de l'actualité ; venez interroger l'enfant arabe, nu en été et demi-nu en hiver, et demandez-lui ce qu'on lui a appris de nous... Vous trouverez en lui un excellent maître qui, tout petit, tout mignon et tout gentil qu'il sera, vous débitera sur les *Roumis* une masse de vilaines choses que sa mère lui enseigne. Et, pour peu que ce soit un enfant terrible, il vous criera, en allant s'accrocher au bernous de son père, qu'il mettra le feu à votre forêt quand l'âge lui permettra d'user de volonté et de force. Et si vous pouvez lire dans ses regards et saisir le sens caché de ses mouvements, vous pourrez vous convaincre que tout ce que j'ai dit n'est que l'ombre de la réalité.

Depuis que nous sommes maîtres de l'Algérie, nous nous sommes beaucoup occupés de l'homme arabe, très-peu de l'enfant et pas du tout de la femme : c'est un contre sens, une grande faute politique.

IV

Exagérations forestières.

Quelles peuvent être ces causes d'incendies?....

Les unes regardent encore les indigènes, les autres les Sociétés forestières; toutes émanent d'un service compris parfaitement, dirigé même avec beaucoup de talent, mais, dont la mise en pratique régulière et stricte, au milieu de nos populations arabes qui ne connaissent souvent le code forestier que par les amendes, présente des difficultés nombreuses et quelquefois insurmontables, parce que le service forestier n'a point voulu faire de grâces et qu'il a, jusqu'à présent, placé sous la sauvegarde de nos sévères lois forestières, *tout*, depuis l'arbre superbe dont la tête est voisine du ciel, jusqu'à l'humble roseau que la moindre brise agite.

Je ne m'occuperai donc des exagérations, en matière d'incendie, qu'au seul point de vue du service des forêts.

Conserver dans les périmètres forestiers, sous la vigilante et intelligente surveillance des hommes spéciaux, tout ce qui est réellement sol forestier, voilà ce que nous devons faire en Algérie, non par une exception que je voudrais faire créer, mais bien parce que cela se pratique ainsi dans tous les pays civilisés où chaque art utile est appelé, en proportion de la richesse qui lui est inhérente, à contribuer pour sa part à la fortune et à la prospérité générale.

Il ressort de cela, que chaque art a ses limites, et que ces limites sont naturellement tracées par le bon sens qui fait ses délimitations sans décamètre, il est vrai, mais qui n'en est pas moins juste pour cela dans ses appréciations. Si nous prenons ce bons sens pour guide, et nous devons le prendre si nous voulons être vrais, et, si sous l'influence de ses inspirations impartiales, nous jetons un coup d'œil sur la sylviculture, sur le régime forestier en Algérie, ou sur les errements qu'il a suivis, nous sommes obligés de reconnaître que l'on a commis de graves erreurs. 1° L'on n'a pas assez compté avec les mœurs et les habitudes arabes en englobant, dans les sols forestiers, d'immenses étendues de broussailles insignifiantes en réalité, mais qui servaient à merveille la paresse et l'imprévoyance du peuple arabe. A cela, on peut répondre, que l'on n'a pas à se préoccuper de faire la part des vices. Cest une erreur très-grave, à mon avis, en ce sens que les mœurs et les habitudes mauvaises des peuples ne se modifient qu'avec les générations, et, qu'en voulant les rectifier par des mouvements trop brusques, on s'expose à les enraciner plus profondément, et surtout, pour le sujet qui nous occupe, à des représailles incendiaires d'autant plus terribles qu'elles sont ourdies dans les ténèbres et qu'il est plus difficile, par conséquent, d'en châtier les auteurs toujours coupables; quels que soient, d'ailleurs, les motifs provocateurs : rien ne peut excuser le mal.

2° L'on a eu tort de considérer comme richesses forestières de mauvaises broussailles, véritables foyers d'incendies formés de lentisque, de myrthe et autres nullités forestières de même nature qui seront, tant qu'on les laissera subsister, la ruine, par le feu, des forêts véritables — Et on a eu tort, par conséquent, d'englober dans les concessions forestières des centaines d'hectares de ces mauvaises broussailles pour quelques chênes-liége, pour quelques hectares de forêt; — ces derniers, disons-le de suite pour ne pas y revenir, auraient dû être réservés pour la petite colonisation industrielle-agricole. Cette idée ressort de la simple inspection des lieux, quand on veut se donner la peine de réfléchir; elle répond d'ailleurs aux intérêts véritables des grands concessionnaires, de l'Etat et de ses fermiers.

On a prétendu que le boisement, même par la broussaille, dans un pays comme l'Algérie où le manque d'eau se fait sentir très-souvent, était nécessaire pour la conservation des sources. Cela est vrai pour les sommets des montagnes peut-être, mais c'est une erreur pour les plaines et les vallées.

On a aussi prétendu que ces broussailles avaient une valeur réelle et qu'elles se vendent très-bien pour la carbonisation et le chauffage — c'est sans doute pour cette bonne raison qu'un azel de 1,000 hectares, tout couvert de broussailles, se loue à peine 800 francs, et qu'un azel de terres de labours, même médiocres, de la même contenance, se loue, bon an mal an, 4,000 et 5,000 francs.

L'Empereur, lors de son passage en Algérie, si mes souvenirs ne me trompent pas, aurait dit : « Je vois « beaucoup de broussailles, mais je ne vois pas beau-« coup de forêts. » Quel est le sens de ces quelques mots résumant toute ma pensée? Quelle conséquence peut-on en tirer? La conséquence est bien simple, c'est que la broussaille ne fait pas et ne doit pas faire partie du sol forestier, et, qu'à ce titre, elle n'a pas droit à la sollicitude du service des forêts, à moins qu'on veuille laisser au littoral algérien, jusqu'à dix lieues dans l'intérieur, cet aspect barbare dont il a été gratifié par la piraterie d'un peuple en décadence.

On me dira peut-être que je suis sévère et barbare moi-même; eh bien! en ce cas, donnons la parole à gens plus expérimentés.

« . . . . . Dès qu'un pays cesse d'être peuplé, on « y voit les arbres et les buissons croître dans les « terres incultes et former insensiblement de gran-« des forêts. . . . . L'ancienne Italie, le

« centre du luxe et de l'élégance des Romains, était « cultivée avec un soin extrême, mais les *barbares* « l'ont tellement dévastée et en ont si absolument *dé-* « *truit* tous les ouvrages de l'industrie et de la *culture* « que dans le VIIIe siècle l'Italie parait n'avoir été cou- « verte que de *forêts* et de vastes marais. Muratori « entre dans de longs détails sur la situation et les « limites de cette contrée, et prouve, par les témoi- « gnages les plus authentiques, qu'une grande partie « du terrain, dans toutes les différentes provinces de « l'Italie, était *ou couverte de bois,* ou ensevelie sous « les eaux. Et il ne faut pas croire que ce fussent seu- « lement des endroits naturellement stériles ou peu « importants, c'étaient des cantons que les écrivains « anciens nous représentent comme extrêmement fer- « tiles et qui sont aujourd'hui très-bien cultivés. » *(Encyclopédie.)*

L'Industrie et la culture avaient fait de l'Italie romaine un magnifique bouquet, dont chaque fleur portait sa part de parfums, son tribut de richesses pour contribuer au bien-être général ; mais le barbare est venu fouler ce parterre fécond, et la désolation a bientôt pris la place de la joie; la fertilité a fait place à la stérilité; les bois et les broussailles, les forêts et les eaux ont remplacé les moissons dorées ; l'homme lui-même a disparu un instant de cette scène de dévastation, mais pour reparaître bientôt et faire oublier la barbarie de ses semblables.

Ici, nous devons le reconnaître, les Italiens ont fait preuve de plus d'intelligence que les Algériens européens, et de bien moins de paresse que les Algériens arabes. Ils ont compris que les forêts ne pouvaient être une richesse, que réduites à leur juste étendue, et ils ont reconnu que l'agriculture était la reine des arts et la véritable fortune des peuples. Cicéron dit, en parlant d'elle :

« Nihil utilius, nihil dulcius, nihil homine dignius. »

Rien n'est plus utile, rien n'est plus doux, rien n'est plus digne de l'homme.

Si lorsque Virgile a composé son immortel poème des *Géorgiques*, il avait eu pour tableau de ses inspirations poétiques et de ses études agricoles, ces immenses étendues de broussailles parasites qui nous entourent au loin et attristent notre vue, la littérature compterait un chef-d'œuvre de moins, et le bonheur de la vie des champs n'aurait pas été peinte par ce beau vers :

« O Fortunatos nimiùm, si sua bona nôrint,
« Agricolas!.... »

Que les fausses richesses forestières cèdent donc les terres qu'elles encombrent aux richesses véritables de l'agriculture. Laissez donc le bûcheron français ou arabe, avec sa hache tranchante, détruire vos broussailles sans valeur, reste de barbarie, et livrez le sol à celui qui peut le cultiver, *mais le cultiver bien*, afin qu'il y fasse renaître des traces de progrès et de civilisation.

L'agriculture est pour l'homme une source d'inépuisables trésors, non-seulement pour son existence matérielle, mais encore pour son existence intellectuelle et morale. L'agriculture est tout à la fois un art et un culte, parce que, en même temps qu'elle développe les forces corporelles et contribue à procurer au travailleur une santé prospère, elle moralise les cœurs, élève la pensée et épure les mœurs. A elle seule, elle suffit à la vie du corps et à la vie de l'âme; ses produits nourrissent le premier, ses merveilles élèvent la seconde jusqu'à son créateur.

En présence de ces grandes vérités de l'économie agricole, nous avons lieu de nous étonner justement de trouver encore la misère, l'ignorance et la corruption chez un peuple comptant à peine *trois millions d'âmes* répandues sur un sol fertile qui ne compte pas moins de 39,000,000 d'hectares. J'entends une objection arriver au pas de course et me crier haletante

« mais les rochers, mais les sables, mais les dunes, mais les marais, mais. . . . . » mais soyez donc patients crieurs importuns, je suis généreux et veux être large par conséquent, puisque j'ai une étendue immense à ma disposition ; je vous accorde 29,000,000 d'hectares pour satisfaire vos appétits, et je ne veux, pour satisfaire les Arabes et les Européens jusqu'à satiété, que 10,000,000 d'hectares. Avec cette étendue et une bonne législation on doit pouvoir créer une colonie prospère de 3,000,000 d'arabes et d'au moins autant de français, en passant un gros trait de plume, bien entendu, sur les exagérations domaniales, plus grosses encore que les forestières.

Vous criez encore?.... que voulez-vous donc, vous n'êtes pas contents de mon partage? Mais, dites-vous, « *les Arabes, ces bons cultivateurs qui font rendre à* « *la terre deux pour un,* manquent complètement de « terrains pour leurs cultures et pour leurs troupeaux. » Bavards, vous voulez me faire bavarder en dehors de mon sujet, et m'entraîner sur un terrain qui lui est étranger? N'importe, que le lecteur m'accorde son indulgence ; je ne sais pas phraser, mais je sais citer des faits, les voici :

Le district que j'habite compte une superficie totale de..............................		110,000 hect.
De cette contenance, il faut retrancher :		
1° Pour forêts concédées	33,000 hect.	
2° Pour la colonisation................	10,000 »	
A déduire.......................		43,000 hect.
Il reste donc pour la population indigène..........................		67,000 hect,

Cette population compte 16,000 âmes qui payent,

annuellement, un impôt moyen de 1,500 charrues; la charrue, dans cette partie de l'Algérie, peut représenter en maximum 10 hectares; mais puisque nous avons commencé par un acte de générosité, soyons généreux jusqu'à la fin, et, au lieu de 15,000 hectares, accordons de suite, aux cultures indigènes, 27,000 hectares. En retranchant cette dernière quantité de 67,000 hectares, il nous reste 40,000 hectares qui, sans exception aucune, peuvent servir et servent, dans quelques endroits, en dépit des forestiers, au parcours du bétail. Combien y a-t-il de têtes de bétail dans ce district? Voici les chiffres des rôles d'impôt de 1864 :

Bœufs............	14,000	
Chevaux et mulets...	2,000	16,000 têtes.
Chèvres...........	10,000	
Moutons..........	9,000	19,000 »
	Total.......	35,000 têtes.

Sur des terrains de qualité moyenne, il ne faut pas plus d'un hectare par tête de gros bétail, et pas plus d'un hectare également par deux têtes de petit bétail. Avec 26,000 hectares, la population arabe, dont il est ici question, aura donc au-delà du nécessaire pour le parcours de ses troupeaux. Il nous reste *14,000 hectares pour prouver que les terres manquent en Algérie.* Si ce fait, expression vraie de la situation générale, est mis en doute, il me restera à répondre que nul n'est plus sourd qu'un sourd volontaire, nul n'est plus aveugle qu'un aveugle volontaire.

Avec des terres aussi vastes, avec des terres aussi productives que celles de l'Algérie, quand on veut les travailler un peu, avec les avantages immenses que prodigue l'agriculture, comment se fait-il que le peuple arabe recule au lieu d'avancer et marche vers une ruine complète au lieu de rétablir sa fortune? Ses produits, cependant, s'écoulent facilement et le prix qu'il en retire est, pour lui, plus que rémunérateur. Cette situation fâcheuse est la conséquence du caractère arabe qui est, au point de vue général, ce que sont quelques colons au point de vue particulier, il est insouciant et paresseux, pour ne pas dire fainéant et attendant tout de Dieu et rien de son travail. Voici un trait caractéristique qui complètera ma pensée et qui, mieux que toutes les théories, mieux que tous les systèmes sortis de l'esprit de parti, dira ce que nous pouvous faire et obtenir de l'Arabe, si nous le laissons pourrir, d'esprit et de corps, sous l'influence de sa législation défectueuse et ennemie de tout progrès.

Le trait remonte au mois de mai 1862.

Le ciel était pur, le soleil brillait de son plus bel éclat et répandait une douce chaleur qui réjouit au sortir des longues et humides journées d'hiver ; la campagne riante répandait un parfum de gaîté, et, se déroulant en nappes de verdure, disait au laboureur : « Voilà l'espérance, à bientôt la réalité.

Un partage de terre m'appelait dans la tribu des Zerdezas ; cent cinquante arabes me suivaient dans cette excursion où chacun d'eux pouvait avoir un intérêt direct. A 8 heures du matin, en compagnie de mes arabes, je traversais le village français d'Ahmed-ben-Ali, l'un des villages de l'Algérie qui soit bien cultivé, parce que ses habitants ont compris que la terre seule pouvait assurer leur prospérité. . . . . Les cultures de ces colons déployaient, à ce moment, un luxe de végétation capable d'attirer les regards des plus indifférents. Les arabes considéraient ces cultures presque avec envie, mais surtout avec étonnement parce que les terres qui les produisaient n'avaient jamais été cultivées par eux : *ils les considéraient comme des terres stériles et impropres aux labours.* Je répète mot à mot ce qu'ils ont dit dans cette circonstance : « Dieu « soit béni ! voilà de belles récoltes ; les nôtres sont « bien pauvres à côté d'elles. Il y a bien longtemps

« que nos terres ne rendent plus rien ; souvent elles « rendent à peine la semence. Voilà des terres que les « gens des Siafa ne labouraient pas et les colons vont « recueillir des fortunes : *Dieu donne même de belles « et riches récoltes aux chrétiens.* Patience, attendons « sa volonté. »

Pas un mot du travail opiniâtre qui a amené l'abondance là où il n'y avait que stérilité ; pas une observation judicieuse pouvant attirer l'attention sur un système de labours plus perfectionné ; pas une pensée intelligente laissant deviner au moins ce vieux dicton : « Aide-toi et le ciel t'aidera. » Rien, dans leurs paroles, de bien, de vrai, ni de beau ; toujours le fatalisme, et toujours le fatalisme le plus ignare et le plus démoralisant.

J'aime sincèrement la population indigène, parce que je crois qu'il peut en sortir de bons cultivateurs et de bons industriels ; mais je les plains du fond du cœur, parce que, par eux-mêmes, ils n'ont rien de ce qu'il faut pour sortir de leur triste état, et parce que, de notre côté, nous hésiterons toujours devant un coup vigoureux, sans lequel cependant il n'y aura pas de bonheur à venir pour l'indigène.

Ce coup vigoureux sera, pour moi, l'objet d'un travail prochain tout spécial.

V

Remèdes ou mesures à prendre pour éviter le retour des incendies de forêts.

Dans le cours de mon travail, tout en examinant chacune des causes qui peuvent contribuer aux incendies de forêts, en Algérie, j'ai presque indiqué les remèdes à appliquer, ou les mesures à prendre pour éviter le retour de semblables désastres.

Dans les incendies par imprudence, c'est le sentiment du devoir qui nous stimule, soit que nous agissions sous l'inspiration féconde de l'amour du bien, soit que nous soyons menés par l'aiguillon de la crainte.

Dans les incendies par exagérations forestières, par manque de terres de parcours et voisinage des bêtes fauves, bien que ces causes ne soient souvent que des prétextes spécieux, nous n'en devons pas moins être très-larges à leur égard, nous rappelant ce vieil adage : « Abondance de bien ne nuit jamais. » Cette ligne de conduite est même nécessaire pour ne laisser, aux adversaires de notre opinion, absolument aucune réplique. Abandonnez donc, à la main impitoyable de la destruction, toutes ces vaines broussailles qui abusent d'un sol fertile et ne donnent aucun produit sérieux. Abandonnez sans crainte et sans regrets, à la torche de l'incendie, toutes ces forêts imaginaires, lorsque le mois d'octobre, ramenant les fraîcheurs de l'automne, vous permettra de diriger et de conduire le feu comme le nautonnier dirige et conduit sa barque, quand les dangers de la tempête sont loin de lui. Vous trouverez pour ce travail qui, à mon avis, devrait être l'objet d'un règlement administratif, d'excellents auxiliaires dans la personne des arabes. Ils savent mettre et éteindre ces feux, quand ils le veulent, avec une adresse infinie. C'est à eux, d'ailleurs, qu'il convient de confier ce travail, puisque c'est à eux surtout qu'il doit profiter; toutefois, les européens et les sociétés forestières, surtout, devront toujours y coopérer pour leur part, parce que tout ce qui se fait dans un but d'utilité publique, doit être fait par tous sans exception, quels que soient ceux qui seront appelés à jouir des résultats du travail.

Cette mesure de sûreté, répondant à des intérêts vrais, est devenue nécessaire et par suite obligatoire pour tous, pour les administrateurs comme pour les administrés : à ces derniers, la bonne volonté; aux premiers, l'étude de la mise en pratique, en faisant bien comprendre aux indigènes que nous n'avons pas pour mobile la crainte, mais bien un sentiment de vérité qui, détournant nos regards d'une prospérité factice, les a portés vers une prospérité réelle dont *nous* VOULONS *la réalisation.*

Il nous reste à parler des incendies par malveillance que je place ici, en dernier lieu, parce qu'ils méritent plus d'attention.

Aux méfaits, résultat d'un calcul ou d'une idée spontanée, fruit d'un esprit pervers, je ne connais qu'un remède, c'est le châtiment prompt et sévère, mais appliqué avec justice, en s'entourant de tous les documents propres à ne laisser, sur la culpabilité des malfaiteurs, aucun doute, aucune incertitude. Pour atteindre ce but, voici, en dehors des renseignements individuels, ce que devraient rechercher, à mon avis, les commissions d'enquête sur les incendies :

1° Les points de départ des incendies, en constatant la nature des lieux, les essences forestières, les directions suivies par les feux, les heures et la température;

2° L'esprit de la population indigène; ses griefs, ses espérances et ses craintes; ce qu'elle pense de nous et des européens qui vivent au milieu d'elle; rapports entre les deux populations;

3° Les auteurs des incendies; les instigateurs et les causes morales qui peuvent avoir été le mobile des uns et des autres;

4° S'il y a eu préméditation et accord; de quelle façon les feux ont été mis. Peut-il y avoir combustion par *combinaisons chimiques?* Interroger à cet égard, les traditions musulmanes, les incendies avant 1860 jusqu'à l'époque turque inclusivement;

5° Les dispositions prises pour arrêter les incendies; empressement des populations; cet empressement était-il spontané et volontaire ou lent et forcé?

Les commissions devront procéder, dans toutes ces recherches, sans violence et sans contrainte aucune, en prenant les douars voisins des territoires incendiés pour base de leur travail, et pour unité de châtiment, si je puis m'exprimer ainsi, c'est-à-dire, qu'il ne faut pas punir des tribus entières parce que l'on trouvera dans ces tribus des douars coupables : ces derniers seuls devront être châtiés et le châtiment devra être individuel et collectif tout à la fois. Le châtiment individuel devrait être la déportation, sans miséricorde aucune, de l'incendiaire et de sa famille ; le châtiment collectif, une amende sévère qui ne serait pas moindre de 20 francs par tête de gros bétail et de 1 franc par tête de petit bétail. On doit d'autant moins hésiter, pour ce dernier cas, que les Arabes ne craignent pas de *dire qu'ils sont assez riches pour payer les dégâts causés par leurs feux.*

Les commissions d'enquête ne devront pas oublier que l'esprit arabe nous est encore hostile, que les cœurs ne nous sont point dévoués encore, qu'ils ne nous aiment pas; que l'Arabe ne voit en lui-même qu'un vaincu humilié, et en nous qu'un vainqueur infidèle sur lequel il doit, tôt ou tard, prendre une terrible vengeance; que l'Arabe ne croit pas son vainqueur capable de générosité et d'humanité, parce que ces deux sentiments lui sont complètement étrangers quand il est lui-même le plus fort; que l'Arabe considère nos bienfaits comme les résultats d'une force supérieure à laquelle nous obéissons malgré nous, ou d'un manque d'expérience, ou d'une crainte qu'il nous inspire.

Les commissions d'enquête, enfin, ne devront pas oublier les paroles d'un administrateur expérimenté, comptant vingt-cinq ans de service administratif en Algérie et parlant la langue arabe, connaissance indispensable pour connaître la vérité. Voici ces paroles citées déjà et que je crois devoir citer encore ici parce qu'elles résument parfaitement, pour ce qui concerne les incendies, ma pensée, mon travail et la situation :
« Il existe, entre les indigènes, une solidarité d'intérêts « et d'intentions, si non de fait, dans les incendies en « question. On doit donc les considérer comme étant « tous coupables et les frapper en conséquence.

« *L'impunité, dans une circonstance aussi grave,* « *serait considérée par tous les arabes, sans exception* « *aucune, comme une preuve de faiblesse et peut-être* « *de crainte.* »

Il faut un exemple pour calmer les inquiétudes européennes; il faut un exemple pour rassurer les indigènes restés fidèles aux lois du devoir et de l'honnêteté; il faut un exemple enfin, pour inspirer aux coupables, et à ceux qui seraient tentés de les imiter, une juste frayeur. Ces exemples, toutefois, ne devront porter que sur le passé et le présent et être appliqués de façon qu'ils ne soient, pour l'avenir, qu'une leçon sage et énergique.

Un châtiment juste et sévère, puis l'oubli et la clémence, ce sera un sûr moyen de faire oublier bien des antipathies et de préparer une certaine confraternité de fait et d'intention.

Considérations générales

SUR L'ALGÉRIE.

Le Peuple arabe et sa Législation.

Par peuple arabe je désigne surtout les Arabes des tribus, le peuple proprement dit, celui qui mérite nos sympathies réelles, celui par conséquent dont il faut exclusivement nous occuper. Les autres musulmans de l'Algérie n'auront qu'à le suivre, si nous parvenons à lui imprimer une marche ascendante; le résultat sera facile à obtenir si nous voulons bien commencer par l'arrêter dans sa marche descendante, dont la rapidité peut justement alarmer même les plus insouciants en matière de philanthropie. Le mouvement d'arrêt, en pareille circonstance produira, c'est inévitable, des jours d'hésitation qui seront nos auxiliaires les plus puissants pour crier enfin, à la civilisation et au progrès: en avant.

Ce peuple, en dehors des Arabes des villes, des Arabes étrangers et des Juifs indigènes, compte environ 2,550,000 âmes.

Je n'ai point à m'occuper des Arabes des villes; leur

contact constant avec les populations européennes, en dépit de leur mauvais vouloir, les fera marcher avec nous bon gré malgré. Je n'ai point à m'occuper des Arabes étrangers qui suivront, s'ils nous restent, l'impulsion de la masse. J'ai encore moins à m'occuper des Juifs indigènes, n'ayant d'eux absolument aucun souci. Ils savent parfaitement se débrouiller sans nos théories humanitaires. Une justice équitable était leur seul besoin : la France les en a gratifiés depuis 1830. Et, bien que dominés par une soif insatiable d'argent et par un amour inconsidéré de la possession immédiate de leur gain légal ou illégal, les lenteurs de la justice française ne les ont point effarouchés, parce qu'ils ont su comprendre son inviolable intégrité.

Je ne m'occuperai donc que des 2,550,000 âmes formant la population arabe intéressante de notre colonie algérienne.

En attaquant ce sujet je suis saisi, je l'avoue, d'un sentiment de tristesse profonde. Mon cœur se serre sous la pression d'une douleur pénible et lourde, parce que appelé quelquefois à soulager quelques unes des misères physiques et morales de ce pauvre peuple, j'ai acquis la triste certitude, qu'en lui seul était la source de toutes ces misères. Le principe de tous ces maux s'est inoculé en lui, si je puis m'exprimer ainsi, et produit, sous les menées désastreuses d'un ignare fatalisme, les plus tristes ravages. Un virus malfaisant coule dans sa vie physique et dans sa vie morale, et les empeste l'une par l'autre. Je suis comme un médecin devant un malade couvert de plaies, qui ne sait, tellement ces plaies sont nombreuses et profondes, par quel bout commencer pour les cicatriser et soulager quelque peu son malade.

Plus je considère ce triste et infortuné peuple, et plus je le trouve digne de pitié et difficile à guérir. Il a tous les vices d'une civilisation fausse et usée, et toutes les cruautés d'un peuple barbare encore, parce que tous les principes législatifs qui le régissent sont antipathiques au bien, au vrai et au beau.

Le coran, ce livre par excellence du despotisme des grands, cet instrument multiple où le marabout fanatique trouve un texte à l'appui de toutes ses noires machinations, pèse sur ce peuple, avec son amas d'erreurs monstrueuses et de vérités profondes, pour l'égarer dans sa marche à travers les siècles et faire de son existence, tant publique que privée, un amalgame des plus bizarres de beaucoup de vices et de très-peu de vertus.

Le Coran, étant tout à la fois, loi politique, loi religieuse, loi sociale; le Coran étant un chenil où l'on trouve pêle-mêle la barbarie et l'humanité, le vice et la vertu, et l'homme se laissant aller facilement sous la conduite de préceptes qui flattent ses passions, on peut résumer ce livre, appliqué aux sociétés musulmanes, ainsi qu'il suit :

Despotisme des grands sur les petits et ruine des deux par le sensualisme et le quiétisme fataliste.

Appliqué aux autres sociétés :

Absolutisme universel par le Coran ou la mort.

Du premier résumé découle l'avilissement des deux natures de l'homme, de l'âme et du corps, par la satisfaction inconsidérée des passions sensuelles, et par la paresse abrutissante qui finit par entraver et arrêter même, les travaux d'utilité première. Du second, la haine farouche contre tout ce qui n'est pas musulman; la conquête par les massacres; le Coran ou le bourreau pour dernière espérance au vaincu. Dès que le mahométisme est vainqueur, tous ces sentiments mauvais se déchainent chez lui sans mesure et sans pudeur.

On a dit des Arabes : « On les voit légers, inconstants, oubliant aisément le serment de la veille et « prêts à briser l'idole qu'ils viennent d'encenser. Leur

« enthousiasme s'exalte facilement; mais ils passent « aussi promptement aux désordres d'une terreur pa- « nique. Naturellement fins et rusés, ils sont en même « temps méfiants et réservés; ils sont aussi enclins à « la rapine............ Un voleur adroit et intré- « pide est considéré. Il n'est même pas rare de rencon- « trer des gens nobles et riches qui patronnent osten- « siblement des voleurs. » *(Tableau de la situation des Etablissements français en Algérie.)*

J'ajoute, pour compléter le portrait et lui donner son dernier trait de ressemblance : L'Arabe est fier, vaillant, insolent et cruel quand il est le plus fort; il est humble jusqu'à la bassesse, lâche et rampant quand il est le plus faible. Il y a chez lui beaucoup de fantasia qui éblouit, c'est de la forme sans fond. Il est menteur et paresseux et surtout tentateur terrible quand il s'agit de séduire par l'argent.

Le tableau est sombre, je le reconnais, et c'est d'autant plus malheureux que les couleurs en ont été ménagées.

Que pouvons-nous donc espérer d'une législation produisant un tel peuple?.... et que pouvons-nous espérer de ce peuple si on perpétue, chez lui, cette funeste législation?... On ne peut espérer rien de bon, car je ne crains pas d'affirmer que perpétuer cette législation, avec les chefs arabes qui seuls en profitent, c'est décréter l'anéantissement du peuple arabe de l'Algérie.

Comment vivre avec les arabes et les convaincre de notre supériorité, si nous les isolons avec leurs chefs qui ne cherchent qu'à les éloigner de nous, et si nous établissons une ligne de démarcation entre eux et nous?... Comment les façonner à nos lois si nous consacrons l'étude des leurs?... Comment exercer sur eux une justice équitable et rapide, si nous les livrons, pieds et poings liés, aux magistrats musulmans, alors que les concussions des adouls sont un des maux de la justice musulmane? (1)..............................

....

En présence de ces maux, qu'un traitement fixe ne fera pas disparaître, parce que l'adoul est naturellement concussionnaire et l'arabe naturellement corrupteur, la justice française, même avec ses frais interminables, est un bienfait positif à imposer.

Comment prouverons-nous au peuple arabe, notre sollicitude; comment nous le rendrons-nous favorable, si nous laissons subsister et si nous cherchons même à développer ses principes de décadence, de misère et de ruine?..... Si nous laissons, entre lui et nous, ses ennemis et les nôtres, les grandes familles politiques, religieuses et judiciaires?..... Si les familles judiciaires sont concussionnaires, je laisse à penser ce que doivent être les deux autres.

Ces quelques observations sont de la plus haute gravité, et, suivant qu'elles seront acceptées ou rejetées, on aura, pour les 2,550,000 arabes qui nous occupent, la prospérité féconde ou l'anéantissement misérable. Elles me paraissent de nature à inspirer de sages réflexions, et surtout beaucoup de circonspection pour certains documents; il y a des hommes qui écrivent parce qu'ils ont souffert injustement, et qu'ils ont une petite idée des souffrances de leurs semblables, soit chrétiens soit musulmans, par une longue expérience; il y a des hommes aussi qui écrivent parce que leur plume n'est pas à eux : il faut s'en défier, car, quelle valeur pourraient avoir leurs documents?.... aucune.

De ce qui précède, nous pouvons conclure ceci :

1° Que le peuple arabe est mauvais;

2° Que sa législation est plus mauvaise encore;

3° Que les grandes familles politiques, religieuses et judiciaires sont encore plus mauvaises, pour la grande majorité au moins, que le peuple et sa législation.

(1) Voir la Lettre impériale, page 35.

Entre trois maux, il faut choisir le moindre, la sagesse nous en fait une règle et un devoir, et détruire les deux autres, non par des moyens brusques et violents, mais bien en aidant, d'une façon active, le concours salutaire que nous offre le temps.

La politique vraie de la France, en Algérie, se résume donc, au point de vue indigène, à choisir entre les trois éléments précités, celui qui est le moins mauvais et à lui donner, puisqu'il ne demande que cela, des principes de vie réelle, en cherchant, dans son sein même, ce qui peut favoriser ces principes de vie.

Le travail est certainement, pour tous les peuples sans exception, une base sûre de moralité et de prospérité. L'Arabe possède encore une ombre de cette base : il est encore un peu, mais très-peu, agriculteur et pasteur; de grâce, hâtons-nous, car l'ombre va lui échapper au premier moment.

A côté de cette ombre première, il en est encore une autre que les plus habiles observateurs ne reconnaissent qu'avec peine; mais enfin ils finissent par en trouver des traces avec un peu de bonne volonté : L'Arabe n'est pas complètement étranger aux sentiments de la reconnaissance. C'est une belle et douce fleur, riche d'excellents parfums, mais entourée de ronces épaisses dont il faut la dégager au plus tôt.

Le Sénatus-Consulte du 22 avril 1863.

La promulgation du sénatus-consulte, du 22 avril 1863, publié, lu et commenté dans les tribus, a achevé de rassurer les Arabes sur les craintes de dépossession générale et d'envahissement territorial, au profit d'une colonisation artificielle n'ayant d'autre mérite, c'est déjà quelque chose, que d'avoir donné au sol, même arabe, une valeur positive. Mais ce sénatus-consulte a-t-il rassuré les arabes sur les dépossessions annuelles des chefs indigènes?... sur les changements des *djarras* laissées à la disposition des caïds?.... Mais ce sénatus-consulte, en procédant du général au particulier, a-t-il prévu, même pour les arabes, une répartition équitable des terres?... Mais ce sénatus-consulte, a-t-il contribué à nous rendre les indigènes favorables?..... Cette dernière question a sa réponse dans mon travail sur les incendies, page 67; quant aux questions qui la précèdent, elles nous conduisent à examiner le sénatus-consulte dans son mode d'application, qui peut être défectueux à deux points de vue surtout :

1o L'application du sénatus-consulte sera défectueuse dans tout le Tell au moins, partout où la propriété individuelle, arabe, ne sera pas immédiatement constituée; la propriété collective aura le grand désavantage de laisser les terres et leur partage à la merci des grandes familles qui, toujours, auront soin de s'attribuer les meilleurs terrains et spéculeront sur ceux restés en jachère. Si, au lieu de consulter les grands chefs, nous interrogions les cultivateurs eux-mêmes, ils nous apprendraient que l'amour de la propriété individuelle est inné chez eux comme chez nous; que pour compter définitivement sur leur fidélité et leur attachement, il faut avant tout en faire des propriétaires individuels au plus tôt, parce que la propriété attache, affectionne et moralise. La révolution de 1848 nous a donné, en Algérie, un exemple frappant de cette dernière vérité. Des hommes exaltés en France, amis du désordre, perdus pour la société qu'ils cherchaient à renverser, ont fait en Algérie, en devenant propriétaires, non-seulement de bons pères de famille, mais encore de bons citoyens ne demandant plus que la tranquillité, parce que le désordre serait leur ruine.

La constitution de la propriété individuelle sera une organisation réelle de la société arabe, par l'attachement au sol d'une façon définitive. Si l'Arabe, jusqu'à ce jour, n'a donné à la terre qu'un travail très-imparfait, et s'il ne lui a rien sacrifié de ses revenus, c'est simplement parce que sa paresse native a été, depuis trop longtemps déjà, favorisée par l'incertitude des déplacements annuels, perpétués au profit de grandes familles, aux tristes influences. « Pourquoi, me disaient « des arabes, veux-tu que nous nous imposions des « sacrifices pour améliorer le sol : il n'est pas à nous. « Nous en serons les maîtres tant que tu seras notre « chef; mais le jour où tu partiras, le caïd et les « cheikhs renverseront tout ce que tu as fait; nous-« mêmes, peut-être, nous chercherons à le renverser, « parce que tu ne seras plus là pour nous tenir dans « le chemin du bien. » (Textuel.)

Cette situation, plus que fâcheuse, ne changera certainement que le jour où l'Arabe pourra cacher, dans les cases de ses calottes rouges et blanches, son titre définitif de propriété. Ce jour-là, seulement, il bonifiera le sol et s'y attachera définitivement par les sacrifices accomplis et par l'intérêt de famille.

2° L'application du sénatus-consulte sera également

défectueuse si elle ne fait pas ressortir, dans tout le Tell au moins, la surabondance de terres, surabondance existant positivement, pour faire de ces terres une répartition équitable entre les arabes qui auraient droit à cette faveur, et la colonisation européenne à venir. Il ne faut pas oublier cette dernière, ce serait une faute politique, parce que l'Arabe, bien qu'attaché au sol par la constitution de la propriété individuelle, ne nous demeurera fidèle, sous la foi du serment, qu'autant que ses intérêts seront intimement liés aux nôtres et que le rapprochement continuel des deux races, par le commerce, par les besoins réciproques, par les relations journalières, par l'industrie et l'agriculture, feront disparaître, à l'insu même des intéressés, les antipathies religieuses et politiques.

Quand la France aura résolu ce vaste problême de la propriété arabe et de l'union des intérêts de la race vaincue avec les intérêts de la race victorieuse, et que les premiers de ces intérêts auront enfin bien compris que leur succès dépend des seconds, la France aura trouvé, pour l'Algérie, sa prospérité certaine ; pour elle-même, une économie positive, parce qu'alors elle pourra garder sa conquête, comme les Turcs, sans s'imposer des sacrifices en argent et en hommes.

A Monsieur Georges Voisin.

Je n'ai pas l'honneur de connaître M. Georges Voisin — Est-ce un déserteur du drapeau sacré de la religion chrétienne, comme l'auteur de la lettre d'Oran fut un déserteur du drapeau politique de la France?... Est-ce un de ces quelques individus circoncis à l'âge de trente ans qui, dociles aux inspirations d'un zèle fanatique, voudraient faire de l'Algérie un nouveau boulevard de l'Islamisme?... Quel qu'il soit, qu'il se rassure; ses menées et celles de ses complices, seront découvertes tôt ou tard, et il en sera d'eux comme de la feuille, verte d'abord, mais que le soleil sèche bientôt et que le vent de l'orage emporte; qu'il se rassure, nous saurons faire arriver la vérité jusqu'au Chef de l'Etat qui doit régler nos destinées, quand nous devrions sacrifier nos jours et nos veilles. Quant à la fortune, nous n'avons pas de sacrifice à faire, parce que nous en sommes honorablement orphelin; nous pouvons marcher le front haut, au milieu des populations indigènes que nous avons été appelé à administrer; leurs sympathies constantes prouvent victorieusement que nous n'avons jamais cherché à nous enrichir à leurs dépens, et que toujours nous avons défendu leurs véritables intérêts.

M. Georges Voisin voudrait-il me dire à quoi pensait sa cervelle de saint-simonien musulman, quand il est venu nous dire, avec des paroles qui respirent la grossièreté d'un mahométan en fureur : « Les populations « arabes, kabyles et sahariennes fournissent l'impôt « et la population européenne le consomme. » Les mots sont clairs, mais les faits qu'ils déguisent me paraissent fort obscurs.

M. Georges Voisin aurait-il été, quelquefois, à la porte d'un receveur des contributions demander sa part d'impôt arabe?....

Comment n'as-t-il pas compris, ce cher Monsieur, que l'impôt arabe, en Algérie, employé à l'entretien de l'armée, aux travaux de défense, au maintien de la paix, aux travaux d'art, de routes, de ponts et de ports, a permis aux arabes d'écouler leurs produits et de les augmenter grandement : ce qui n'est pas peu de chose.

M. Georges Voisin aurait dû comprendre que si les Arabes payent l'impôt, les Européens le payent aussi; et que ces deux impôts vont se réunir dans la caisse de l'État qui, en échange et pour nous remercier de notre bonne volonté, développe le commerce, l'industrie et l'agriculture, et que c'est grâce à ce développement assuré par les fonds de la caisse commune, que les Arabes, alors qu'ils ne produisaient rien sous le déspotisme du croissant, produisent aujourd'hui, et rien qu'en céréales, pour une valeur qui dépasse cent millions par an. En y réfléchissant un peu on comprendra sans peine que M. Georges Voisin à interverti les rôles, et qu'une année de domination française rapporte plus, aux Arabes, que des siècles de domination turque.

Les Bureaux Arabes.

Malgré toutes les attaques dont les bureaux arabes ont été l'objet, même de la part d'hommes supérieurs et par l'intelligence et par des connaissances solides, je ne puis m'empêcher de reconnaître, dans ces bureaux, une institution excellente et utile, qui déjà, a rendu des services signalés à l'Algérie, et qui peut en rendre d'immenses encore si on veut bien la comprendre et la placer dans son rôle véritable. Je sais, et nous le savons tous, on a souvent crié avec raison contre de nombreux abus; mais, quelle est donc la branche de l'administration algérienne qui n'a pas produit ses abus comme le bureau arabe?... Combien d'agents des Domaines, des Contributions, du Trésor, des Postes et autres aussi, n'avons-nous pas vu disparaître!.. Faut-il conclure de toutes ces fâcheuses vérités que les divers services que je viens d'énumérer sont le produit, et la conséquence nécessaire d'institutions mauvaises? Évidemment non. Tout ce que nous pouvons dire, à cet égard, c'est ce qui est vrai comme principe général : à la tête des meilleures institutions on rencontre quelquefois des hommes pervers. Cela prouve combien il faut de circonspection dans les choix, et combien il faut se défendre des parvenus de faveur; car, s'il est vrai de dire des agents des bureaux arabes : « Tel « officier fera régner la tranquillité dans un territoire « où tout autre déchaînerait le désordre et l'anarchie, « il est également vrai de dire que les diverses admi- « nistrations de l'Algérie ne marcheront bien que

« quand, à leur tête, il y aura des hommes d'expé-
« rience, bien méritant, d'un caractère digne et ne
« pouvant être les jouets de personne. »

Étant admis, qu'un chef de bureau arabe est à la hauteur de sa position délicate; qu'il se montre calme, patient, équitable et indulgent; étant admis, qu'un chef de bureau arabe possède toutes les qualités indispensables au succès, son rôle au milieu des populations musulmanes, pour tout homme qui connaît le pays et ses habitants, et pour tout homme qui voudra atteindre le but vrai, se résume ainsi qu'il suit : destruction de toutes les influences des chefs et des grandes familles arabes; protection et extension à tous les points de vue, et de la manière la plus large, des relations entre Européens et Indigènes.

Dans le premier rôle, le chef du bureau arabe doit s'immiscer aux moindres détails et aux moindres réclamations des tribus confiées à ses soins, en écoutant les plaignants par lui-même, ou par ses officiers adjoints, et non par les caïds. J'ai reconnu, par expérience personnelle, combien cette marche nous donne d'influence; elle seule, d'ailleurs, peut nous tenir au courant de la situation politique des populations.

Dans le second rôle, le chef du bureau arabe doit bien se persuader qu'il est, par sa position, le premier lien d'union entre les Arabes et les Européens. Il ne doit pas oublier que sous la blouse d'un colon il y a un soldat, brave comme lui, qui la veille encore combattait peut-être à ses côtés; il ne doit pas oublier qu'en somme sous cette blouse, toute grossière qu'elle puisse être, il y a plus de cœur, plus de morale et plus d'avenir que sous tous les bernous de l'Algérie. Une blouse a été peut-être la gloire de ses ancêtres, parce que une blouse marche vers le progrès alors que le bernous traîne à la décadence. Il ne doit pas oublier, enfin, qu'avec de mauvaises blouses on civilise, et qu'avec de beaux bernous on produit ignorance et barbarie.

Ce qui est vrai des bureaux arabes militaires est également vrai des bureaux arabes départementaux. On a été, envers cette dernière institution, beaucoup trop injuste. Toute petite qu'elle puisse être, et bien que certains administrateurs n'aient pas su la comprendre, elle a fait faire à notre influence un pas immense dans les tribus. Car, c'est surtout le bureau arabe départemental, il faut le reconnaître, qui a appris aux populations indigènes qu'elles pouvaient s'adresser à nous directement, sans passer par l'intermédiaire des chefs arabes. C'est là un résultat des plus heureux dont nous devons lui tenir compte et lui être reconnaissants.

Ma pensée.

Ma pensée sur l'Algérie peut se résumer ainsi qu'il suit :

PREMIÈREMENT. — Constitution de la force militaire réelle de l'Algérie, en y appelant une population française compacte et aussi nombreuse, s'il se peut, que la population musulmane. Cette dernière, même avec des primes de 4,000 francs, ne nous fournira jamais 20,000 combattants.

DEUXIÈMEMENT. — Faciliter le peuplement européen :

1° Par l'extension des territoires de colonisation en les augmentant, sans exception aucune, de toutes les terres restées vacantes par l'application légale du sénatus-consulte;

2° Par la répression sévère et immédiate de toutes insurrections et de tous faits malveillants tels qu'incendies;

3° Par l'entretien des bonnes relations entre européens et indigènes;

4° Par l'institution de banques agricoles, tant pour les colons européens que pour les colons arabes ;

5° Par une protection complète et juste accordée aux intérêts européens;

6° Par les grands travaux de routes, de ports et d'aménagement des eaux;

7° Par la réduction des frais judiciaires surtout en matière d'expropriation par voie de justice.

8° Par la suppression de toutes administrations stériles ou pouvant entraver les développements de notre colonie.

TROISIÈMEMENT. — Amélioration générale des populations arabes :

1° Par la suppression progressive des grands chefs indigènes en conservant les cheikhs pour ménager la transition ;

2° Par le développement des travaux agricoles et l'élève du bétail ;

3° Par la constitution de la propriété individuelle qui amènera, naturellement la régularisation des impôts : — l'établissement de la lesma ou impôt unique, amènerait de graves abus pour les contribuables et le trésor ;

4° Par la fusion des intérêts indigènes et européens ; il faut le mélange et non l'isolement des populations ;

5° Par une instruction vrai et une justice équitable ;

6° Par la création d'institutions de bienfaisance, tels qu'orphelinats, greniers d'abondance et autres....

7° Par la création d'un fond d'amortissement pour la liquidation de toutes les dettes onéreuses, avérées par actes notariés et validées par jugement d'un tribunal français, ou par le *vu* d'un Président de tribunal.

A ce fond d'amortissement, je préférerais, pour en finir une bonne fois pour toute et laisser aux Arabes toute la liberté d'action à laquelle ils ont droit, en somme, je préférerais, dis-je, accorder un dégrèvement général aux douars comprenant des familles surchargées de dettes, et, convertir le montant de l'impôt, de ces mêmes douars, en fonds de remboursement. Quoique l'on ait dit de la misère de certaines tribus, leur position a été exagérée au chef de l'État ; le dégrèvement que je propose sera insignifiant. On me dira peut-être, que j'invente là un travail de romains ; c'est une erreur.

Pour un chef de bureau arabe actif et intelligent (ils doivent l'être tous) c'est un travail de trois mois, au plus, pour les trois provinces de l'Algérie.

QUATRIÈMEMENT. — Simplifier l'Administration et la débarrasser de toutes ses lenteurs qui font mourir d'ennui et d'inanition. Exiger de ses agents des connaissances solides et un travail sérieux : il nous faut, surtout en Algérie, de la capacité et de l'activité. Que le régime administratif soit civil ou militaire, peu importe au fond, pourvu que ce régime comprenne les intérêts véritables du pays et qu'il contribue, pour sa part, a en assurer la prospérité. Jusqu'à présent la faveur a joué un trop grand rôle dans les positions administratives de l'Algérie, au détriment du véritable mérite : il est temps que cela cesse.

Je ne crois pas, le moment encore venu d'appeler les Arabes à partager, avec nous, les charges administratives et les grades supérieurs de l'armée. Ils ne sont ni assez attachés ni assez dévoués à la France, et leurs intérêts matériels et moraux sont encore trop distincts des nôtres. Puis, avant de les gratifier de ce nouveau bienfait, il faut que notre instruction ait fait, chez eux, quelques progrès et qu'on leur applique nos lois sur la conscription. En attendant d'ailleurs. de pouvoir établir une règle générale à cet égard, on peut appeler à tous les emplois de l'Empire Français, sans distinction aucune, tous les jeunes musulmans ayant reçu une instruction française complète, dans un Lycée impérial.

CINQUIÈMEMENT. — Ne point nous laisser déborder par l'élément indigène dans les conseils généraux et dans les conseils municipaux. Cela pourrait amener de graves désordres, qu'on y réfléchisse sérieusement, et que l'on ne nous expose pas à quelque catastrophe. Que la part des fonds provinciaux et communaux profitent également à tous, rien de plus juste ; mais que l'on se garde bien de nous mettre à la merci de la population arabe dans les questions d'intérêts publics : ce serait, à mon avis, une grande faute politique.

Sixièmement. — Pas de faveur pour personne; la justice franche pour tous, nous rappelant que cette justice admet des circonstances atténuantes, parce qu'elle n'est pas également applicable, avec la même indulgence ou les mêmes rigueurs, à l'adolescent comme à l'homme d'un âge mur ; pas plus que les mêmes bienfaits ne sont également applicables, à l'homme instruit comme à l'homme ignorant, à l'homme civilisé et éclairé comme à l'homme qui languit et végète encore sous la pression de ses passions mauvaises, dont il n'a pu se débarasser, à cause de la tutelle malheureuse que l'erreur lui fait subir.

Voilà ma pensée. Puisse-t-elle renfermer quelques sages leçons pour la prospérité de l'Algérie, pour le bien réel des colons français et arabes, et pour la gloire de notre patrie : la France.

TABLE DES MATIÈRES.

Introduction 3
Entrée en matières 9
Incendies par imprudences 13
Incendies par malveillance 25
Incendies par voisinage de bêtes fauves et par manque de terres de parcours 63
Incendies par exagérations forestières 71
Remèdes 81

CONSIDÉRATIONS GÉNÉRALES SUR L'ALGÉRIE.

Le peuple arabe et sa législation 85
Le sénatus-consulte du 22 avril 1863 91
A M. Georges Voisin 94
Les bureaux arabes 96
Ma pensée 99

www.ingramcontent.com/pod-product-compliance
Ingram Content Group UK Ltd.
Pitfield, Milton Keynes, MK11 3LW, UK
UKHW020200200726
13856UKWH00003B/1107

9 782011 77658